二战浪漫曲 WORLD WAR II ROMANCE

二战·英雄的故事

◎李乡状／编著

WAR II HERO STORY

团结出版社

图书在版编目（CIP）数据

二战·英雄的故事 / 李乡状编著. –– 北京：团结
出版社，2014.1（2022.1重印）
ISBN 978-7-5126-2324-8

Ⅰ.①二… Ⅱ.①李… Ⅲ.①长篇历史小说－中国－
当代 Ⅳ.①I247.5

中国版本图书馆CIP数据核字(2013)第304153号

出　　版：团结出版社
　　　　　（北京市东城区东皇城根南街84号　邮编：100006）
电　　话：（010）65228880　　　65244790（出版社）
　　　　　（010）65238766　　85113874　　65133603（发行部）
　　　　　（010）65133603（邮购）
网　　址：http://www.tjpress.com
E-mail：zb65244790@163.com（出版社）
　　　　　fx65133603@163.com（发行部邮购）
经　　销：全国新华书店
印　　刷：三河市燕春印务有限公司

开　　本：710毫米×1000毫米　　16开
印　　张：15
字　　数：170千字
版　　次：2014年1月　第1版
印　　次：2022年1月　第3次印刷

书　　号：978-7-5126-2324-8
定　　价：68.00元

前言
QIANYAN

在第二次世界大战中,世界反法西斯斗争的舞台上留下了许多可歌可泣的动人故事。从元帅到士兵,人们同仇敌忾,为着民族和人民的利益和正义的事业,不惜抛头颅、洒热血,与敌人奋战到底。他们当中有隐秘战线的无畏英雄,有在正面战场上奋勇搏杀的热血男儿,有统帅千军万马的睿智将领,也有策动局势的领袖元首。那些发生在他们身上种种带有传奇色彩的事件至今仍然广为人们所传颂,战争的铁血和历史的壮阔更是为这些曾经的故事增添了一份令人回味无穷的浪漫。

客观来说,"二战"的发生是人类历史上的一场浩劫,它使全世界大多数地区的国家都遭受到了战火的洗礼,令无数军民饱尝了它所带来的磨难;然而,"二战"的胜利却又无疑是人们一次无可比拟的伟大成就,是它将全世界人民团结战斗打败法西斯军国主义的胜利与和平的丰碑,永远树立在了历史的漫漫长路上,父辈的血汗与呐喊凝聚在这里,为我们这些后人留下了一处值得永远敬仰和继承的精神——在亚洲、在非洲、在欧洲,世界各国人民团结在反法西斯同盟的旗帜下展开了对德、意、日、法西斯轴心国的殊死战斗。从1933年到1945年,世界范围内的反对法西斯斗争此起彼伏。终于,正义战胜了邪恶,向往和平与正义的人们赢得了最后的胜利。

在二十一世纪的今天,那段历史已然离我们远去了,曾经高呼的口号被淹没在平淡的生活当中,战火的痕迹被新建起的楼房与街道所掩盖。战争的记忆从我们身边消失已久,然而,即便如此,今天的我们也仍然能够不时从书籍、报刊和人们的口耳相传中听到那些似乎已经远去的名字与词语:敦刻尔克大撤退、不列颠空战、斯大林格勒保卫战、解放波兰、攻陷柏林……这些泛着陈旧之色的字眼或许被提及的时候给人的感觉或许已经不能像几十年前那样容易引起热血的激荡和讨论的兴味。但是当我们翻开书本,重新咀嚼起它们身后的那些故事,胸中却还是无法抑制地会泛起对历史那份无尽浩荡与雄浑奥壮的回味悠长。

是否还记得,莫斯科郊外以血肉之躯抵挡坦克的最后呐喊;敦刻尔克海岸上为同袍撤离而顶着炮火与炸弹袭击的顽强阻击;在伦敦上空对敌人如黑云般压来的轰炸机群从飞机炮口中喷出的怒火;昔日北非名将隆美尔与蒙哥马利率领部队殊死作战的阿拉曼战场上,如今伴着双方遗留下来无数地雷形成的"魔鬼花园"的,只有在沙漠公路两旁绵延久远的无名战士墓……

麦克阿瑟曾经说,老兵不死,他们只会渐渐湮没(在人群中)。当战争离我们远去之后,那些与战争有关的人们和他们的事迹也被生活中更加贴近我们的种种信息所渐渐掩去。而事实上,无论辉煌抑或黑暗,这些值得了解的过往都不应该在我们的记忆中以一个毫无内容的名词的形式一直蒙尘,直到死去。从这些故事当中,我们能够学习和获得许多生活中可能永远无法接触到的智慧,以及情感。

本书通过对历史史实的详细阐述,从战争的过程当中甄选出一系列不同身份的角色。通过从不同的角度,不同的立场和不同的身份进行讲述和介绍,使一大批鲜活的人物跃然纸上,他们的事业,生活,伴侣,友人,仇敌以及经历都以一种更加贴近人性的视角被展现出来,便于读者们更好地带入到角色的感受当中去,更贴切地去解读和掌握书中所介绍的这些活跃于那个特殊年代的人们。

　　本套丛书当中不仅介绍了我们时常听闻的那些在第二次世界大战中声名在外的著名将领和领导人的事迹和经历，也包含了对那些工作在隐秘战线，工作在敌人心藏中的无名英雄的描写，让我们能够从更全面的角度来对二战时代的局势与当时不同阵营和国家人们的世界观进行了解，相辅相成地为每一位相关的人物在印象中描绘出一个更加贴近现实的生活与境遇背景，还原出一个个与历史百科介绍中那些冰冷文字构筑下不一样的人物形象。

　　本书力求以历史原貌真实再现历史史实，呈现在读者面前。如果存在某些描写过甚或与真实历史出入之处，敬请各位读者朋友批评指正。

2013.12.26

目录
■MULU

东京上空三十秒

1941 年，全世界都弥漫在战争的硝烟中，太平洋地区充斥着血腥的味道，这里即将爆发一场大规模的战争，即珍珠港事件。

二战爆发以来美国一直保持中立，日本出于对自身利益的考虑，一直想对这只"美老虎"发动攻击。

此时珍珠港上的驻港官兵还在尽情享乐。一群年轻的士兵讨论着第二天的游戏项目。这里的生活着实令他们乏味，每天面对着冰凉的飞机和舰艇，即便拥有世界一流的武器，但沉睡中的它们只不过是一堆不会说话的战争工具，不能发挥任何作用，更不能和士兵举杯畅饮。

"这些东西都是摆设，没什么用处。"杰克抖了一下肩膀自言自语道，接着继续喝着最爱的烈性酒。他是一名优秀的飞行员，拥有远大的理想与抱负，他参军是为了完成祖父的愿望，并且相信自己能够为和平而战。

杰克的全名是朗勒·杰克，从小生活在富裕的家庭，家中拥有很大的庄园。受祖父老杰克的影响，杰克很小就非常喜欢天空。祖父是一战时期的空军飞行员，在一次执行任务时失去了一只眼睛，从此退出了他所热爱的飞行事业。

当慈祥的祖父带着年幼的杰克在野外散步时，他会跟杰克讲一些飞行的故事。杰克不明白祖父为什么讲得那样专注，甚至有时想上厕所竟要请求多次才会打断祖父的讲话。那时，祖父总是一拍脑门，"哦，我的上帝！"

杰克慢慢长大，他逐渐了解了祖父为什么总是失神。在 18 岁生日的时候他许下了一个愿望：一定完成祖父未完成的事业。杰克说："亲爱的祖父，我将带着你翱翔蓝天，在那片自由的天空留下属于我们的印迹。"

1938 年 8 月，在动荡的时局下，杰克参军了。站台上充满离别的伤感之情，人们哽咽着，无论是亲人、恋人还是朋友都在嘱托即将奔赴前线的士兵们，很多人相拥而泣，难舍难分之情充斥在每个人心中。

老杰克也来送孙子，他并没有表现得非常难过，反而格外精神，还特地穿上那套老军装。他告诉杰克："当你登上这列火车时你就一定要成为真正的男人和勇敢的士兵。"老杰克向孙子敬了一个军礼，杰克也回了一个标准的军礼。

站台上响起了集合的号声，匆匆离别之际，祖父用力地拥抱了杰克，并拍了拍他的肩膀。随后，老人大步走出站台，只给杰克留下一个苍老而健壮的背影，而杰克却不知，远去的老人早已老泪纵横。

呼啸的列车驶向杰克梦想的地方，在他心中怀揣着祖父的愿望与希冀。杰克离开了祖父，踏上了人生的另一段征程，而年迈的祖父却怀着复杂和矛盾的心情，他一方面希望孙子能够陪伴在自己的身边，而另一方面又希望他完成自己的理想，两种情感在老人的心中不断地胶着着，直到杰克真的离开自己，老人才稍许的释怀。

杰克的意识开始在列车一成不变的节奏中变得模糊，不知过了多久，突然被一声很有底气地喊声惊醒，枯瘦的指挥官命所有人下车集合，目的地到了，杰克不禁兴奋起来。士兵有序地排好队，指挥官早已站在队列的最前方，一只手拿着一根小棒，另一只手拿着一本小册子。

指挥员严肃地说："我们的相遇到此为止，之后你们将被分到各个部队进行严格训练，直到成为合格的士兵。现在开始点名，点到名字的向前迈一步，马克、泰勒、皮特、彼得杰克……"被点到名字的大概有四十多人。这些人跟着一位中年上校上了一辆大型军用卡车。

经过两个多小时的颠簸后车子终于停下来了。士兵下车后第一眼看到的是一位表情严肃的中年上校，他将士兵送到宿舍。突然，上校叫住了杰克："我叫凯迪，我的父亲和你的祖父是战友，所以在他的嘱托下，我把你招进飞行编队，希望你能努力，剩下的我也帮不了你。"还没等杰克作出回应，凯迪上校已经离开了。

到达飞行编队的第二天，杰克和其他士兵开始进行训练。先是体能训练，经过一个月的艰苦训练，杰克的身体明显比以前结实了，浑身透露出了男子汉的气概。

夜晚，大家都渐渐进入梦乡。宿舍里的人都有各自思念的人，泰勒还有一个远方的姑娘在等着他，当然，这件事只有杰克知道，杰克抬起头看看熟睡的泰勒。他默默地祈祷着，希望祖父能够健康平安，他还想带着祖父一起翱翔蓝天呢！带着这个美好的愿望，他渐渐睡去。睡梦中，杰克驾驶着一个护航机，祖父就坐在副驾驶的位置，杰克高兴极了，大声地喊着祖父的名字。

起床的号角吹响了，泰勒使劲地摇晃杰克，说道："噢！愿上帝保佑，你怎么了？"杰克睡眼惺忪，赶忙穿好军装。杰克从早操到训练结束一直都心神不定，经常出错。回到宿舍休息时他还在回忆昨晚的梦。难道是太思念的原因才会梦到祖父吗？虽然梦中的情景杰克记不清楚了，但是心中却有一种不祥的预感。

此时，杰克正沉浸在苦恼中，一句叫喊声将他拉回现实。队友告诉他上校叫他赶紧过去。杰克刚走到门口，未等敲门，凯迪上校就命他进来。面对这样一个严厉的人，杰克不免有些畏惧。会有什么事呢？难道和祖父有关？一时间可怕的念头浮现在脑海中。上校的一句话打断了他的思绪。"你的家人寄来一封信，你看一下吧。"杰克接过信，一看署名是祖父，他急忙打开，信的内容是：

"亲爱的孙子杰克，自从列车开走以后，我非常想念你。不知道这场战争会不会到来，我非常后悔，由于我自身的原因，对你造成了那么大的影响，以至于让你走上军人的道路。在你走后的这段日子里我病了一场，而且很严重，但是仁慈的上帝没有夺去我的生命，我又健康地活下来了。当我踱步在野外时，我总能想起你小时候坐在那儿听我讲一些往事。如今，你已经成为真正的男子汉，我更希望你成为一名合格的军人，我会永远支持你。另外，还要告诉你一个秘密，在当年的战斗中，我和凯迪的父亲驾驶同一架战斗机，他父亲是我的机枪手。由于我的失误让凯迪的父亲牺牲了，因为这件事我一直深深自责。我希望当你们谈起这件事的时候都能够释然。最后希望你在军营里度过美好的时光，我心爱的小伙子，为你的理想去奋斗吧！"

杰克读完这封家书高兴得几乎要跳起来。他不祥的预感终于烟消云散。不过，当他看到面无表情的上校时，杰克努力地抑制住了高兴。凯迪看到杰克的滑稽表情也忍不住笑了。当然，笑容很快就消失在他的脸上。杰克毕恭毕敬地退出办公室，不顾一切地跑回宿舍。

这封简单的家书对杰克来说非常重要。昨晚的梦几乎让杰克一整天都闷闷不乐，此时，他已摆脱阴云，恢复了往日的活力。杰克把这件事讲给泰勒听，泰勒是他的好朋友。

杰克在训练中刻苦努力，表现非常优秀，经常得到凯迪上校的肯定。如今，他已经能单独驾驶战斗机，并在几次模拟训练中取得第一名。杰克将这一切都写信告诉了祖父，每当老杰克接到孙子的来信，都会十分骄傲地对邻居说杰克是多么优秀的士兵。

时光飞逝，紧张而激烈的训练即将结束，转眼到了1939年2月份。

由于杰克和泰勒表现出色，2月14日，他们一同被派往珍珠港的驻港飞行支队。出发之前，泰勒把一件小礼物邮给远方的恋人。杰克则去和凯迪上校告别，上校一如既往的严肃表情，他对杰克说："年轻人，我们还会见面，就在珍珠港。"

2月14日晚上，杰克和泰勒到达了珍珠港。在珍珠港安定下来以后，一位飞行员带领他们熟悉周围的环境，并对战斗机进行了试飞训练。

杰克和泰勒仿佛又回到了从前在训练基地的生活。每天除了训练还是训练，这样的日子持续到1939年9月1日。第二次世界大战爆发后，战火很快弥漫了全世界。珍珠港上的士兵跃跃欲试，他们准备在这次战争中大显身手，尤其是杰克和泰勒。杰克的飞行技术在来到珍珠港以后又得到大幅度提高，最近几次模拟训练成绩非常理想，指挥官经常赞扬并鼓励他，杰克变得更加自信了。然而，一贯保持中立的美国这次仍不例外。

美国迟迟没作出参战申明，只是对珍珠港的把守更严密一些。珍珠港是美国重要的军事基地，武器装备可谓世界领先。如果其他国家想挑衅，美国必然不惜一切代价与之对抗。

美国的地理位置远离欧洲战场，战争几乎波及不到美国本土，再加上政府希望和各国进行经济交流和友好贸易，以尽快弥补一战给本国造成的损失，因此，在第二次世界大战初期，美国并没有参战，而是作为盟军的后备力量，为各国提供武器。

尽管美国作出友好的表态，但纳粹党人却没有停止对美国的蓄意挑

二战浪漫曲

逗，而日本则早已瞄准了珍珠港。

珍珠港不仅是美国重要的军事基地，同时也是美国重要的造船基地，它坐落于瓦胡岛南岸的科劳山脉和怀阿奈山脉之间，地势极低。这里有旖旎的风光，夏威夷州府便坐落于此，另外，它还是唯一和深水港檀香山港相邻的地方。

珍珠港原来是一个王国，19 世纪，美国从西班牙手中将其夺来，并在此修建了舰艇燃料供应站、码头、干船坞、修理厂和必要的海军设施。美国投入了大量的人力和物力，使之成为北太平洋岛屿中面积最大、条件最好、最为安全的停泊港口之一。

干船坞在 20 世纪初期竣工，不仅配备了舰艇，还相继设立了潜艇基地和航空站。华盛顿海军裁军会议中有这样一条特别规定：太平洋地区的基地规模应保持现状，不予向外扩张，又规定夏威夷一带地区和日本本土不在此限制范围内。

20 世纪 30 年代以后，珍珠港的重要地理位置得到了重视，政府开始对其进行全面的建设，使各项设施得以充分完善和利用。当时，日本宣布退出国际联盟，并废除华盛顿条约。美国方面见此情景，开始积极扩充军备，并于 1939 年将一直驻扎在本土西海岸的舰队全部调往夏威夷，驶进珍珠港，使之不敢贸然进攻西方在亚洲的殖民地，因此，珍珠港成为了日军南进的最大障碍。

四季轮回，原本美妙的季节变幻如今黯然失色。战火笼罩四野，时间仿佛永远凝固在不幸里，全世界的人们都生活在水深火热之中，饱受着战争的摧残和纳粹的蹂躏。

1940 年夏天，杰克和泰勒所在的飞行编队进行着紧张有序地训练，士兵们时刻保持警惕。从参军至今，杰克的飞行技术已毋庸置疑，他多次独立完成重要任务，并取得了最终的胜利。就在这一年，凯迪上校也被调来珍珠港，杰克见到久违的上校既惊讶又惊喜，上校也表现出了少有的友善，说道："年轻的士兵，我想我们应该拥抱一下。"

凯迪依旧负责飞行编队，并再次与杰克在同一个飞行小队里工作。随着不断地接触，杰克与凯迪逐渐成为了无话不谈的知己，每当他们谈起往事，凯迪都会默然不语。杰克对此表示出了理解，也许那将是上校永远的痛。

在这一特殊时期，凯迪和杰克都不会想太多，他们保持着高度的警惕，以便随时参战。政府方面传来消息，要对日本进行密切关注，如果日本方面有所行动，必须把这种态势扼杀在萌芽之中。

从 1940 年到 1941 年，虽然夏威夷的景色秀丽而迷人，但官兵的心思全然不在风景上，他们每天都在进行着紧张的战备，只有在周末时才会偶尔聚会，喝酒跳舞。

凉风徐徐掠过水面，吹散了炙热的夏天。秋天在沁凉的浪花中悄然来临。此时，欧洲战场上还是一片火热，秋的凉爽丝毫没有为其降温。熊熊战火在向美丽的珍珠港蔓延，对于士兵来说，天空的火光和热浪早已习以为常，虽然珍珠港一切照旧，但战争却是一触即发。

1941 年 12 月 7 日的夜非常寒冷，士兵们为了缓解多日来的疲劳，提议组织一次狂欢。有人说："如果在圣诞节时战争不幸打响了，我们很可能没有过节的机会了。"于是，士兵们弄来啤酒和烈性酒，一是借助酒精驱寒，二是提前感受节日气氛。

然而，今晚的酒似乎不够浓烈，杰克丝毫没有醉意，他端着酒杯独自出来走走，在战斗机旁，他沉思着。

不知不觉已经到了深夜，凯迪出来巡逻，正好碰见发呆的杰克。此时的杰克内心十分不安，总感觉会有事情发生。凯迪走过来拍了一下他的肩膀，问："年轻人怎么了？心情不佳吗？"杰克叹口气答道："我觉得自己很没用。"凯迪能够感受到杰克的落寞，他一直都很想实现自身价值，却始终苦于没有机会。

1939年到1941年是充斥着血腥的三年，为了完成祖父的愿望并实现为和平而战的理想，杰克来到兵营，然而，三年过去了，他感觉自己没有做任何有意义的事，为此他感到很是沮丧。听了杰克的话后，凯迪严肃地说道："一个真正的军人应该明白战斗随时都会打响，时刻保持清醒和警惕，这才是你该做的。"杰克忽然间像是明白了什么，他为拥有这样的战友和朋友感到庆幸和骄傲。

凌晨时分，杰克突然被轰鸣声惊醒。他紧忙起身，看到窗外硝烟四起，滚滚浓烟遮住整片天空，安静的瓦胡岛变成了一片火海。杰克叫醒宿舍其他人，士兵被突如其来的状况吓得目瞪口呆。不过，有些人很快镇定下来，他们认为这只是金梅尔将军的演习罢了，不禁暗自佩服金梅尔将军的深谋远虑。

机警的杰克并不这样认为，他冲出寝室，奔向凯迪上校的宿舍。就在这时，美军福特岛的控制塔拉响了空袭警报，紧接着，广播里传出惊人消息：珍珠港遭受袭击，那不是演习！所有人这才真正意识到危险已经来临。

毫无心理准备的美国太平洋舰队司令金梅尔上将不禁有些慌乱，他立即下令，将这个可怕的消息通过无线电通知在太平洋舰队上的所有部队。与此同时，美军的一些舰队已经发起了零星反击，高炮向日本舰队及攻击机猛烈开火。岛上陆军虽然有三十多个高炮连，但仅仅有四个连能抵抗日军的突袭，大部分高炮连的炮弹都在弹药库，无法立刻投入战斗。珍珠港上的美军陷入一片混乱，毫无秩序地反击着，伤亡极其惨重。

相反，日军却是有组织、有纪律地对其进行攻击。他们的轰炸机悄悄经过瓦胡岛西侧，从南面进入轰炸的有利航线。由 5 架轰炸机组成一组，向位于福特岛东侧的美军战舰及依哇机场方向袭击，与之形成鲜明对比的美军则没有一架飞机能够抵抗日军的战斗机。

珍珠港顿时陷入一片火海之中，四处都是弥漫的战火。杰克与凯迪等人快速制定作战计划。与此同时，日军开始攻击停泊在珍珠港内的美国战列舰，这些战列舰无一例外都被击沉。

日军第一阶段袭击结束，混乱中的美军终于清醒了一点儿，杰克、凯迪、泰勒等飞行编队成员都已做好战斗的准备。

原本在机场排列得整整齐齐的飞机被炸得支离破碎，大多数已失去了作战能力，剩下的几架对战士来说非常宝贵。凯迪与杰克等几名技术过硬的飞行员登上 F4F 战斗机，当日军发起第二阶段攻击时，凯迪率领他的飞行小编队已投入战斗。

他们猛烈地反击日军，通过对日军作战特点的观察与分析，凯迪与杰克制定了有针对性的对抗计划，杰克在此次行动中肩负特殊使命，主要负责搜索敌机并引诱敌机，其危险性十分巨大，若搜索到敌军的轰炸机群，那么，机毁人亡的机率将非常高。在此之前，凯迪曾坚决反对杰克这么做，但当他看到杰克坚定的目光时，凯迪知道了他的决心。

杰克驾驶着代号为野猫的 F4F 战斗机缓缓向上爬飞，他对战机说："兄弟这次全靠你了。"随后，战机直冲云霄。

敌军的机群非常庞大，俯冲轰炸机群犹如黑云压顶般袭击而来。杰克大喊一声："来吧，伙计们，我正等着你们呢。"随之正面迎敌而上，他直线爬升着，日军也发现了杰克，嘲笑他不自量力并加速跟过去，果

二战浪漫曲

然中计了。躲在云层里的美式战斗机正虎视眈眈，准备给予敌人重重一击。他们全体出动，向日本战机猛烈扫射，连续击落几架敌机后，迅速躲进云层隐蔽。

几个回合下来，日军意识到问题的严重性，随即派出三十多架轰炸机一起向美军推压过来，真正的较量就要开始了，杰克和他的战友们作好了决一死战的准备。虽然顽强抵抗，但实力相差过于悬殊，杰克和他的战友们最终没有逃过日军魔手，一架架被击落，就在飞机坠落的几秒钟里，杰克和他的队友打开伞包从飞机上跳下来，被击中的飞机一头扎进大海。杰克和他的队友幸好落到陆地上，当前所在位置正好是瓦胡岛机场，短短几分钟时间美军机场就变成了一片废墟，弹坑遍地。

杰克和他的队友怀着沉重的心情望着眼前的一切，这里到处是飞机残骸、舰艇残骸，空气中充斥着血腥味。此时，他俩只有等待支援。

飞机坠毁后，地面人员虽然认为杰克生还机率甚微，但仍抱有一线希望，尽全力在搜寻。不久，找到了一些战士的尸体，但没有杰克，就在人们几乎要放弃的时候，搜索队员在瓦胡岛机场上一架被炸得面目全非的飞机旁找到了杰克和他的队友，二人因流血过多和长时间没有进食而休克，不过，他们终于得救了。

杰克昏迷三天，醒来后他的上级和战友过来看他，杰克在人群中探寻着，"你在找什么呢？"战友问。"我在找凯迪队长，他怎么没来看我？"大家立刻陷入一片沉默。杰克明白了，发疯一样地大喊："告诉我凯迪队长到底怎么了？"一位凯迪的战友告诉他，凯迪不幸遇难，机毁人亡，飞机的残骸和凯迪队长的尸体至今都没有找到。杰克目光呆滞地坐在那，嘴里叨咕着："怎么会这样，这是不可能的事情！"

珍珠港遭到致命一击，美国士兵牺牲流血，转眼之间，美国国内的孤立主义全部杳无音信。12 月 8 日上午，行动不便的罗斯福总统做出了让人震惊的举动。他离开了轮椅，由他的儿子搀扶着来到美国国会，并对美国的参、众两院发表讲话。讲话大约持续 6 分钟。罗斯福总统直接进入话题，他指出：在 1941 年，美国遭到了日本蓄谋已久的攻击，这个日子我们不能忘记，它将永远地成为国耻。最后他还提出：国会应该宣布日本对美国毫不留情地发起了进攻，我们合众国誓与他们进行顽强抵抗。罗斯福刚刚结束讲话，参、众两院就下定决心同意罗斯福的宣战要求。就在当天下午，美国政府正式对日本宣战。

这一消息令美国人群情振奋，全国上下的民众都在为美国参战做准备。对日宣战的命令已传达到海陆空三军，此命令在军队里传开以后，士兵们都摩拳擦掌，决心为牺牲的战友们报仇。

三个月以后，珍珠港上的一些军事设施重新修建，受伤的士兵们也在逐渐恢复健康，战火袭击下的幸存者并没有萎靡不振，整个部队的士气高昂。杰克经过了三个月的休息，身体已经恢复得很好了，他每天都在锻炼身体，以便能随时参加战斗。

1942 年 3 月中旬，美国方面开始制定反攻计划，准备给予日本重重一击。杰克在知道此项作战计划后，主动请缨。总参谋对其进行综合素质考量，最终决定让杰克参加战斗，突袭时间定于 1941 年 4 月 18 日。

归队后的杰克开始各项训练，他要以实际行动祭奠牺牲的战友。虽然每天的训练十分艰苦，但他丝毫不曾松懈。突袭前夕，杰克和战友们各自祈祷，愿上帝保佑突袭成功。

1941 年 4 月 18 日傍晚，一切准备就绪之后，攻击队的队员们在飞机员待机室集合，静静地等待着出击的命令。在飞行员待机室的墙壁上，挂着一块黑板，上面准确鲜明地写着此次轰炸的位置。万事俱备只欠东风，飞行员中有的闭目养神，若有所思；有的则紧张地盯着黑板上的标志，对这次攻击做最后一次预想。

时间仿佛凝结了，人们屏住呼吸等待着最后一刻的到来。全体飞行人员以飞快的速度奔向夜色中的停机坪，杰克很快跑到自己的301面前，跳上登机梯，跨入座舱下面，带好头盔，系好各种带扣之后，杰克手脚利落地接上了管线，又将弹射座椅上的保险栓拔掉。他平静地做完这一切之后，等待地勤人员撤退。接着登机梯被撤下。这时响起"吱——"的一声，杰克已经按下按钮，只见坚固的气泡式玻璃做舱盖从后面慢慢盖了下来。杰克心中想着起飞之前应该检查的所有程序，从左到右将座舱仪表仔细检查了一番，便启动了系统。整个过程中，杰克一直小心翼翼，因为从来没有人敢在起飞时掉以轻心。

杰克神情自若地按下发动机的开关，很快发动机启动，并爆发出了刺耳的轰鸣声，转速平稳。此时，前面的一个双机编队的B-25轰炸机已经在跑道的尽头快速起飞，只看见两条炽烈的蓝色尾焰，随即就消失在了夜空中。

此时杰克，焦急地说道："301已经准备完毕，请求立刻上跑道。"

只听见指挥员喊道："允许上跑道"，杰克所在的队形是楔形队形。楔形队形也就是通常所说的人字形，一般是5架飞机。只看到杰克的编队起飞以后，留下了一道壮丽的景观，不一会，40多架轰炸机都已经起飞了。无尽的黑夜中，轰炸机的尾端喷出炽烈夺目的气焰，机翼上的防撞频闪灯一闪一闪像星星一样，使整个集群看上去非常壮观。此时站在塔台上的人望着夜空，都在心中默默祈祷着，希望今晚的战斗也能大获全胜。

美军的两组飞行编队正在向东京方向推移，此时，杰克的心里有种莫名的兴奋，凯迪队长的面容浮现在杰克的脑海里。杰克的心里也在默念，凯迪队长你一定要保佑我，让小日本见鬼去吧！

到达东京上空以后，杰克和他的战友们投下了大量的炸弹。杰克侧头向下看了一眼，只见地面上气浪震天。紧接着，他又投入几枚炸弹。炸弹很快燃起，像一个巨大的热火球，飞快地向日本的东京城市发射。

东京在遭受如此猛烈的轰击后，日军紧急进入战备状态。随之战斗机、轰炸机、歼击机都升入空中，与美军进入殊死战斗。由于 B-25 本身的弱点，飞机载油量少，装载弹药少，所以不能长时间投入战斗。

此时战斗正处于激烈之中，双方飞机移动的速度快得惊人，几乎达到了 2 倍音速，猛烈地向对方冲击。此时，飞行员们就好像驰骋在狂风四起的战场上，身穿盔甲，驾驭着飞驰着的战马，双手握着锋利的武器，勇敢地冲向迎面而来敌人。此时，这些人的心中都澎湃着一腔热血，他们望着面前的敌人，面部表情极度扭曲，将手中的长矛向敌人的身躯奋力刺去。

在这残忍的战斗中，双方都在尽力地努力着，他们为了摆脱死亡，摆脱战场上的恐惧、为了自己的同伴被杀死而报仇，为了最后的生存，每个人都凝聚了最后的力量，奋起搏击。即使这样，仍然避免不了死亡的命运，他们中的很多人再也看不到第二天的阳光了。在厮杀的战斗中，战士们的鲜血喷洒出来，溅满全身，每个人的脸上呈现的都是狰狞的面容。

那些受伤的人很快因为伤势严重从马背上跌落，在马蹄与尘土间呻吟着、挣扎着……双方的飞机也一架架从半空中坠落下来。杰克的其他战友们都在纷纷向下坠，202 号，是……也完了！

几十秒钟的时间里，日军飞机数量只剩下一半，美军的飞机也只剩下了几架。然而杰克的飞机不能在坚持作战了，燃料马上就要用光。

杰克看了一眼燃料表，指针已经指到零处，没有一滴燃料了，在这危急的时刻，迎面向杰克又冲过来一架敌机。丝毫没有犹豫的时间，只有奋死一搏了，杰克用尽全力拉动操纵杆，直扑敌机过去。只看见一股浓烟升起，敌机以最快的速度向下坠落，杰克的301在空中翻滚着向下坠落。

"跳伞！跳伞！301跳伞！"耳边回荡着战友的声音，杰克的眼前浮现了祖父慈祥的笑容，是那样的亲切，一阵眩晕之后，杰克就什么都不知道了。然而杰克没有选择跳伞，与他的301一起坠落在深色的夜空里，缥缈着白云的影，云的背后透出点点小星星，它们一眨一眨，那么惹人喜爱，和小时候看到的星空一模一样。一个中年人蜷缩着坐在轮椅上，这就是当年的空中英雄朗勒·杰克。他从飞机坠下来以后，奇迹般地活下来了。

在1943年杰克受伤，诊断为高位截瘫，被送回老家，与家人一起生活，年迈的祖父负责照顾他的起居。几年以后，祖父也离他而去。从此杰克变得更加孤僻，偶尔在深夜的时候，会想起儿时快乐的时光，嘴角不自觉地流露出一抹笑容。

双料王牌飞行员——耶格尔

双料王牌 飞行员——耶格尔

1923年2月13日，美国西弗吉尼亚州一个叫哈姆林的小城镇，诞生了一名男婴，这个小镇的风景宁静而又秀丽，古朴而又典雅，这就是耶格尔的家乡。他的父亲是一位铁路工作者，母亲是家庭主妇。耶格尔是家里的次子，在他之上有一位哥哥，在他的下面还有三个弟弟妹妹。

耶格尔度过了一个非常快乐的童年，常常随大人们去打猎，那些不幸命丧在他手里的野火鸡和熊以及其他的小动物，帮他练就了一流的枪法，同伴们都很羡慕。更让人羡慕的是，耶格尔的视力也非常好，他比周围所有人都看得远，常常能看到别人看不到的东西。耶格尔从小受父亲的熏陶，跟父亲学会了好多摆弄机器的技能。在耶格尔上中学的时候，就在运算方面的课程上表现出非凡的天赋，相比之下，他的英语和历史就差多了，很少有时候能及格。从耶格尔擅长动手课程来说，他对实用知识是非常感兴趣的。然而耶格尔因为英语不及格，最终没有上大学，但这对他并没有造成深远的影响，因他的动手能力极强。

由于耶格尔家里的兄弟姐妹多，家里的经济来源主要靠父亲一个人的收入，父亲整日为孩子们吃得饱、穿得暖而奔波，母亲一个人则要照顾他们五个人，非常劳累，所以父母没办法每个孩子都照顾的那么周全，再加上家里经济条件不景气。这在无形中使耶格尔的性格变得很强硬，脾气倔强得像头牛，但与此同时，这也培养了他坚强的意志。

随着岁月的飞逝，耶格尔的父母为了五个孩子的操劳已不再年轻，耶格尔他们兄弟姐妹几人却一天天的在长大。

自从耶格尔进入到陆军航空部队后，并没有成为一名飞行员，而是成为了一名每天和飞机接触的普通飞机维修工。在一次维修后的试飞过程中，就在飞机在高空中快速飞行的一瞬间，他萌生了当飞行员的想法。在 20 世纪 40 年代的时候，当一名飞行下士就可以不用充当炊事员的角色，也不用每天站岗放哨。

在接下来的日子里，耶格尔便投入到了紧张的飞行集训中，半年之后，他以优异的成绩毕业。作为一名飞行军士，他在亚利桑那州接受了飞行员徽章。从此，耶格尔成了 363 战斗机中中队中的一员，令耶格尔感到诧异的是，这个飞行中队中的成员大多数都是尉官。只有两个是军士，而耶格尔就是其中的一个。

1943 年年底，363 中队被收编到第 357 战斗机大队，到英国参加战斗，为出击德国和欧战区的飞机护航。1944 年的 3 月份，耶格尔接受第八次战斗任务。然而不幸的是耶格尔的飞机被德国机关炮击中了。战斗机带着一团浓烟向地面栽去，危机关头，耶格尔决定跳伞，但他并没有打开伞包，而是用手紧紧抓住降落伞不让它张开。一直到云层下面，确定没有敌方飞行员的情况下，他才张开降落伞，后落在树上。树枝划破了他的腿，流出大量的血，头部也受伤了。耶格尔拖着那条受伤的腿走进林中。夜晚来临的时候，耶格尔实在坚持不住了，晕倒在林中。

不知过了多久，耶格尔被一位老农发现，并把他带到家中养伤。在这期间，耶格尔与法国的地下组织取得了联系，在他们的帮助下，耶格尔成功躲过了德国的巡逻兵。在 4 月初，耶格尔踏上了返乡之路，他费劲千辛万苦，来到西班牙，并驻在那里的美国领事馆取得了联系。

1944 年 5 月，耶格尔跋山涉水经过 300 多公里的路程，徒步回到了英国。当耶格尔站在队友们面前的时候，他的队友简直不敢相信他还活着，都以为他牺牲了。耶格尔的飞机被敌机击落是他们亲眼看见的，但是眼前这位身材略显臃肿的人正是耶格尔。作为一名飞行员，在美国的飞行史上，耶格尔是第一个被击落后还能平安返回的人。

但是在接下来的空战中，耶格尔的资格却被取消了，这就意味着他不能再继续参战。因为在当时的情况下，耶格尔是因为得到了法国地下组织的援助才得以逃生，如果耶格尔再次被击落，在德国人的严刑拷打之下，他很有可能将法国地下组织供出，为了避免这样的情况发生，就必须遣送回原来的所在国家。

1944 年 6 月，事情终于出现了转机。6 月 6 日这一天，曾被隆美尔预言为"决定性的 24 小时"，这一天就是登陆诺曼底的日子。由于德国攻入诺曼底，法国的游击队开始出现有规模、有组织地对德国人进行反抗，这对打破规定提供了一个有利的时机。终于，艾森豪威尔将军在得到了陆军部的允许下，同意耶格尔继续留在火线作战，不必遣返回国。德军攻打诺曼底，为耶格尔赢得了继续参战的机会。

目前对空降兵的训练对盟军来说是很重要的，由于在西西里登陆时，空降部队曾遭到极大的失利，对于空降部队在作战中的用途，盟军的高级将领们各持己见。他们有的主张利用空降部队对德军的预备队进行牵制；有的认为应该在海滩浅近的后方对空降部队进行飞散降落，以此用来进行大规模的进攻；而盟军空军司令马洛里则认为，作战中空降部队有可能遭到严重损伤，要求取消空降作战。

然而艾森豪威尔将军推翻了所有人的主张，将要使用盟军所有的空降部队，无论付出什么样的代价，都要先利用几个空降师来抢占重要地区，来配合海上的登陆作战。因为诺曼底的海滩后面是沼泽地，在那儿，只有几条道路勉强可走，如果这几条路不能有效地控制好，我们的部队在登陆时就有可能困在海滩上，同时，德军的装甲部队已经在海滩处做好准备，如果我们不能占领登陆的重要地带，登陆部队就有可能被赶下海。所以要想使得这两项重要的任务能够同时完成，就必须使用空降部队。

在德军的这些部队中，有一部分兵力正在休整，大部分兵力属于常驻部队，即没有机动运输工具；剩下的兵力才是装备精良、训练有素的部队。还有一个严重的情况，就是德军几乎各师普遍缺员，相比之下，每个师的平均人数还不到英美一个加强师的一半。

通过对诺曼底地区的空中侦查，盟军几乎已经对该处的情况了如指掌，决定在登陆的前五十天，便集中兵力轰炸德军的海岸防御体系以及弹药贮存处等，此外，那些纵深内交通枢纽和军工生产基地等也是轰炸的对象，盟军决定对德军海岸防御配系进行打击，减弱其空军力量，破坏军工生产力。为了能够取得胜利，盟军采取了一系列的战役伪装。

首先，他们在加莱地区投放了数量惊人的炸弹。登陆前对加莱地区德军海岸炮兵阵地、防御支撑点及其他防御设施进行了集中轰炸，并有一部分兵力在加莱正面活动。这些伪装措施给德军造成了错觉，以为盟军要在加莱地区登陆，从而忽视了对诺曼底地区的防御。为了确保登陆成功，盟军做了很多准备活动，详细研究了当地的天气和水文，并进行了登陆前的预演。

即便是大批的登陆艇成功驶入海滩，但数目庞大的、由几千人组成的登陆队伍在安全上岸期间遇到的一些情况也很有可能使这项计划破产。事实上，如果登陆失败，就不会有后续部队。如果没有后续部队，那么增援计划也将落空。"海王星"行动要是失败，也注定了"霸王"行动的失败。

所有因素都考虑过后，蒙哥马利就决定，应该在高超来临之前的三四点钟之间进行攻击。同时，他也决定为了给步兵提供所需要的火力支援，命令第二批的登陆部队使用水陆两栖坦克进行作战。

对于这个问题，他们已经找到了相应的解决方法。为了使这次行动的突发性更加显著，他们决定将登陆点隐蔽，这一点非常重要。欺骗，一向为蒙哥马利所擅长，这一次，他决定要牵着德国人的鼻子走。为此，蒙哥马利在五月末的时候针对该项计划做了最后的侦查。

就在盟军紧张地准备登陆前的事情时，耶格尔所在的部队也在做最后的准备。然而耶格尔却再一次闯出祸端。一次，一架敌机前来骚扰，耶格尔对敌机紧追不舍，却没有意识到自己已经在不知不觉间闯入了德军的阵地。为此，耶格尔受到了严厉的处分，被他击落的敌机也落在别人的头上。这让艾森豪威尔将军非常生气，遣返回国的命令刚刚被取消，就出现了这样的事情。艾森豪威尔将军下令关耶格尔的禁闭，时间待定。

耶格尔知道这次他是真的闯祸了，所以他没有做任何反抗和辩解，自己去的禁闭室。

就在耶格尔关禁闭的这段期间，前线上正在上演一场大规模的、空前的战争剧。1944 年 6 月 5 日，大规模向欧陆进攻已经开始了，蒙哥马利必须及早赶回。在他看来，现在必须做一次演讲，把这次大规模作战行动的主要问题向他们进行清楚地交代。事实上，每次演讲都使蒙哥马利身心俱疲，因为他除了要为演讲的内容做充分的准备外，有时单是视察每个军与师的所在地就要花费八天的时间，每次向几百名军官讲话。

在 1944 年整个 6 月期间，都是非常忙碌的。在 6 月初，艾森豪威尔和蒙哥马利开始关注气象状况。从他们掌握的气象资料来看，六月上旬的天气状况并不十分理想，适合发动登陆作战的只有四天。

随后，"霸王"行动的主要负责人对当时的天气状况开展了一次会议，然而天气情况仍然是很糟糕的。虽然海军登陆是有可能的，但是存在一定的困难，而空军由于受天气的影响比较大，所以认为应该推迟这次行动。但蒙哥马利认为不应该推迟这次行动，最后，艾森豪威尔经过认真考虑，决定将登陆计划延长一天一夜，可是没想到的是，临近傍晚，在英吉利海峡上掀起了风暴。

于是6月5日凌晨，几位指挥官又碰面了。外面仍然下着大雨、刮着大风，这时气象主任斯塔格上校跑向了会议室，向大家报告了一个消息，最坏的天气很快就要过去了，几天之后将会转好。据此，艾森豪威尔默不作声地坐在那里，低着头想了大约几分钟的时间，最后站起来，面带笑容地对蒙哥马利等人说道："朋友们，我们准备行动吧！"一个让全世界都感到震惊的，能够对战争起到重要性作用的决定做出了，可以毫不夸张地说，这一决定就宣布了德国的死亡判决书将要来临。

艾森豪威尔在6月5日致电说，攻击时间定在第二天，也就是6月6日。第二天，巴顿和布莱德雷在机场分手时，巴顿激动地对布莱德雷说道："布莱德雷，希望你一路好运，愿我们能够尽快地重逢！"到了晚上，布莱德雷上岸后，与该项作战计划的相关人员进行了会面。同时，布莱德雷也提出了自己在这次作战中的意见。

一向沉着冷静的布莱德雷建议艾森豪威尔，执行计划应该选择一个较好的天气，否则很可能影响计划的完成情况。如果天气不见好转的话宁愿推迟行动，推后2~3天再进行。从当日的登陆情况来看，盟军的整体作战态势都是非常乐观的，在登陆的5个海滩上都取得了一定程度的成功，共上陆人员10万多人，车辆1万多辆，物资12000多吨，伤亡人数 1 万多人。而在登陆当天，在德军猛烈的攻击下，盟军损失惨重，有一艘护卫舰、扫雷舰、炮舰被击沉，还有四艘驱逐舰受到重创。

在这紧张的时刻，盟军登陆，然而让他们感到意外的是，由于天气状况的影响，德军没有阻止军队进行反击。6 月 6 日时，德军的气象部门没有预料到会出现暂时性的好天气，所以德军一致认为，盟军不会在这样的情况下进行攻击，前线部队也一直没有进入临战的状态，还有一些巡逻警备，德军都给取消了。

虽然如此，盟军的形势并不乐观，他们没有完成当天的任务，也没有占领计划好的领地，最主要的是卡昂和贝叶两地，而现在的几个滩头中，只有金海滩和朱诺海滩是连在一起的，其余的滩头之间或多或少都有一定的间隙，尤其是，英、美两军之间，他们有大约十多公里的间隙。事实上，只有顶住德军的随后的反击，将几个滩头连在一起，才可以扩充登陆战场，这样才可以算得上是成功。

在盟军登陆的最重要的时刻，德军的几名高层指挥官却不在岗位上，整个诺曼底，只有德军唯一的装甲部队，也即最初的反击中中坚驻扎在该处。当时的天气状况十分糟糕，在这样的情况下，第 21 装甲师师长费希丁格少将以及其他一些将领都认为不会出现不良的状况，于是他们决定去巴黎度假，让参谋长留在了卡昂的师部。为了给自己的爱妻过生日，隆美尔也经踏上了回家的路途。而在这时，德军西线总司令龙德施泰特预见了将有一场大的战役，所以，他提议将战略预备队的装甲部队投入到作战中，然而这一请求并没有顺利通过，遭到了总参谋长的回绝。

此时，希特勒就快进入梦乡，随从却突然接到前线的紧急报告，随从不敢轻易叫醒他，直到希特勒自己醒来，那时已经是 6 月 6 日的上午，盟军的空降部队已经着陆八个多小时了，登陆兵登陆也长达四个小时。

希特勒得知这样的消息后，认为盟军在诺曼底登陆只是假装性的攻击，所以他下令不准B集团军群的第十五集团军和战略预备队调往诺曼底。

但希特勒在当天下午就改变了主意，他将部分装甲师重新做了划分，党卫军第十二装甲师被划分到了位于诺曼底的第七集团军中，并由第七集团军指挥，过了一小时，希特勒又组织了党卫军第一装甲军，它是由党卫军第十二装甲师和装甲教导师合并而成，这支装甲军将立即投入到诺曼底登陆战中。也就在这天的下午，师长费希丁格连忙赶回师部，随即集结他的部队，向卢克镇发起了攻势，该镇位于朱诺海滩和剑海滩之间，而盟军正位于这两处海滩之间，并且相隔很远，所以德军的反击正打在了盟军的要害地带，给盟军到来了很大的损失。

可是，这个命令的下达，却遭到了盟军强烈的电子干扰，一直到下午两个师才收到信息，而目前两个师距离战场很远，再加上盟军对交通进行了严密的封锁，使这两个师根本没有办法在登陆时投入作战。当时，德军的大部分师长并不再岗位上，负责在诺曼底组织反抗的只有第二十一装甲师。而参谋长没有权力调动部队，所以参谋长只好利用他手上仅有的二十多辆坦克去攻击在卡昂东面的英军。但由于时间短暂，准备不充足，也没有步兵进行援助，很快就被英军打退回来。

德军的装甲师还在进行顽强的反击，但头顶已经被一片乌云遮蔽，盟军的上百架运输机从这里飞过，飞机上装着补给和盟军的后续部队，他们将给英军第六空降师带去强有力的支援。对于这样的场面，费希丁格马上做出了错误的判断，认为盟军是想在该处空降伞兵，对他们形成前后夹击的攻势。因此，费希丁格立即下令撤退，并且之后一直也没有对盟军进行反击。

尽管一切在德军方面看起来更像是一场灾难，但盟军方面在此之前也并不是一帆风顺的。对敌情的最坏预计、对天气情况的担忧、对内陆地区地形认识的不足、对德军调度情况的预判等等都成为登陆行动的阴影。士兵们开赴目的地之时，几乎所有在后方等待消息的人都屏住了呼吸，为他们祈祷着。而此刻高枕安眠的德军却万想不到，德国上下竟没有人预计到盟军的行动——无论是时机还是目的地。

1944年6月，英吉利海峡遭受到了二十多年风力最大、海浪最汹涌的一个月。6月4日那天，天气变得更加糟糕，德军驻巴黎的空军气象站人员认为在这样的情况下，盟军在短时间之内是不会发动攻势的。第二天，英吉利海峡上狂风大起，巨浪滔天，在西线的德军很多人都认为盟军根本不会在这样的天气下采取任何行动。他们也许是对的，但是这只是可能性，盟军原计划在6月5日进攻，由于天气情况恶劣，艾森豪威尔决定进攻计划推迟一天。但也仅有一天而已，并不是德军推测的"近期"。

受到坏天气的影响，德国空军方面不得不放弃了空中侦查，这给了艾森豪威尔以可趁之机，他率部在英国南部海岸港口登船出发，因为当时的海浪过大，德国海军不得不从海峡中将他们的巡逻舰艇撤回。所以，诺曼底驻军司令隆美尔从很少的情报和气象站就得出结论，盟军无论如何都不会在这一时刻发起进攻，并在6月5日的清晨把这个信息传达给在西线的德军总司令伦斯德，之后，隆美尔就乘车回家与家人团聚去了。

6月5日，英美对德国的通讯设备、交通线路、重要的军事基地等都进行了严重的破坏，持续不断地进攻仍然在进行着，没有停歇的态势，这样猛烈的进攻整整持续了一天的时间，这在盟军看来与以往的轰炸作战并没有什么区别。直到盟军登陆时，德军还没有清醒。当天晚上，德军的第十五军团截获到英国给法国的一份秘密电报，要让法国组织抵抗运动，而第十五军认为这个内容是在告诉他们可以准备进攻。该集团军马上进入防御状态，然而伦斯德没有通知第七集团军。

到了6月6日凌晨，第七军团才知道现在发生了什么事，但当时第七集团军仍在勒恩参加"图上作业"，所以一时间赶不回来。而此时美国空运师和英国空运师都已经在该军团的防御阵地着陆。没过多久，德军发出全面警报，随后，参谋长斯派达尔很快通过第七军团参谋长马克斯·贝姆赛尔的电话得知了事件的始末，然而斯派达尔对于盟军要发动大规模进攻的消息并不十分相信，当他将这一情况报告给伦斯德时，伦斯德也觉得这是一件不太可能的事情。

与此同时，美英2000多架运输机和800多架滑翔机，于6月6日凌晨开始，分别从英国的20个机场起飞，这其中就有耶格尔驾驶的飞机，为了待罪立功，耶格尔主动提出来要运送这些伞兵师。飞机载着三个伞兵师，一路向南飞去，一直飞到了诺曼底海岸，在海岸后方的一个重要地区平稳降落，当时已经接近黎明，英国在勒阿佛尔和瑟堡之间已经选好的向敌军进攻的堡垒地带，派出了上千架飞机，投弹大约六千吨。

等到天亮，美国第八航空队派出了一千多架轰炸机准备进攻，在盟军部队没有登陆以前，就对德军的防御阵地投弹近两千吨。之后，盟军的所有的飞机都在一时间出动，对海岸的敌军和内陆的炮兵阵地进行轰炸。直到一轮金红色的太阳慢慢升起，盟军终于发起了攻势，他们的海军战舰向德军的阵地发动了猛烈地袭击。一时间，烽烟四起，地动山摇。盟军的部队由运输舰运送到了离岸很近的海面，之后搭乘登陆艇，并排着向前驶进，准时到达攻击的滩头。

紧随在部队的后面是运载的重型武器、坦克、大炮和大型的登陆艇，之后是登陆船，一直开到海岸边，人员、装备和供应品全部卸下。登陆艇上装有迫击炮、大炮和火箭炮，等到一靠岸就向敌人的海岸防御工事瞄准，进行猛烈的攻击。另外还有两栖坦克，它们只要上岸，就可以直接投入作战中。

为了确保部队在登录时万无一失，早在一年前，丘吉尔就命人设计了一个"人造港"，耗费钢筋和混凝土总共达上百万吨。设计十分壮观。当时设计"人造港"主要是因为英吉利海峡海面不平静，潮汐的浪涛有时能达到二十多英尺高，对海滩两岸有很强的冲刷力，同时，天气情况很不稳定，无论大风还是小风都可以掀起巨浪，即使建立了"人工港"，其海浪的力量也是很难阻挡的。

在盟军登陆以前，为了作战斗进行的顺利，盟军就用很多手段对德军的预备队集结地域、贮存弹药和补给的地方，以及其他一些重要基地都进行了细致地侦察。同时，盟军为了这次战斗，准备了很多军队，并且投入上万架的飞机以及各种舰艇总共有六千多艘进行作战。

大约是 6 月 6 日的清晨，美军很快在奥马哈和犹他滩头地带进行登陆。随后，加拿大和英国两国的军队也在海滩登陆。到了当天的晚上，盟军已有十个师的部队上岸，大炮、坦克和很多其他武器也都随着部队上岸，后续部队不断地涌来，扩大了盟军的战斗力量。而希特勒一直狂妄地认为他所建立的"大西洋壁垒"是不会被摧毁的，事实上已经被盟军突破，这样为盟军摧毁西线作战的德军提供了重要的保证。

根据斯派达尔的说法，这件事直到 6 月 6 日下午的时候，才弄得一轻二楚。可是，这时的美军已经在海滩的两处，而英军在海滩的一处已经站稳脚跟，并且迅速地向推进了数英里。所以，在这期间，得到这一情况的伦斯德和他的参谋长以及斯派达尔，都在通过电话和最高统帅部取得联系。

由于希特勒宣布了一道命令，无论是谁没有经过希特勒的允许，都不准调用装甲师。此时三个将军都非常的焦急，他们希望能够得到希特勒的批准，将两个坦克师迅速调往达诺曼底去，然而约德尔告诉他们，希特勒要看看形势发展的状况，才能下决定。之后，希特勒就去休息了，外面的电话铃声一直在响，也没有人敢去叫醒他。

当希特勒醒来的时候，西线传来的坏消息传到了他的耳朵里，他立刻行动起来，批准两个装甲师尽快到达诺曼底，并命令装甲师在今天晚上清除阵地上的盟军，可是这个命令下达的已经太迟了。而一直为希特勒引以为傲的"大西洋壁垒"也在当时被摧毁，同时，狂妄自大的德国空军一直认为自己的能力无人能比，也被盟军从空军赶了回来，德国陆军也遭到严重的突袭。

战争虽然没有结束，但就目前的战争形势而言，其结果已经开始明朗起来。在斯派达尔后来回忆时说，"在 6 月 6 日以后，战争的主动权就已经落到了盟军的手里。"在这时间之前，盟军空军出动了大约是14000 多架次的飞机，德军与之相比相差甚远，仅派出 100 架左右的飞机与之抗衡。

午夜的时候，盟军运送来的三个伞兵师开始降落，对于协助英国第六空降师的行动起到了很大的积极作用，他们的目标是夺取位于海岸间的桥头堡。为了帮助海上登陆部队对海滩进行攻击，美国的两个空降师在卡朗坦以北处降落，并同时堵截住德军的后备军队到达科汤坦半岛。虽然盟军的空降师在选择地点时，降落得比较分散，但是他们都到达了各项目标指定的基地。

5 号早上的时候，盟军准备好火力进攻，在一个小时过后，英、美的第一批登陆部队开始登陆。当时，盟军已经掌握了控制权，再加上德军反抗的准备不充分，所以盟军登陆时并未遭受到德军的猛烈攻击，并夺得了向前纵深的很多登陆场。只不过各个登陆场还没有建立联系。而有的地方，登陆兵登陆的速度十分缓慢，一天内只前进1到2公里。

盟军趁着敌人没有被发觉，使庞大的舰队和护航船从怀特岛沿着英吉利海峡迅速到达诺曼底海岸。英国皇家空军很快击破了德军在混凝土里掩藏的海防大炮，并向里面投进了上千吨炸弹，之后，美国空军部迅速派出战斗轰炸机，飞赴战场，向德军的防御工事进行轰炸。

这一天当中，盟军出动了将近三千架轰炸机，在诺曼底附近投射的炸弹将近一万吨，他们为这场航空火力足足做了两个小时的准备。由于天色已经很晚，再加上天气情况很糟糕，所以盟军在轰炸中并没有取得很好的效果，对德军防御阵地起到的压制作用只是暂时的。

同时，盟军出动了二十多个伞兵营，总人数近二万人，分别搭乘一千多架的运输机快速起飞。为了这次任务能够出色地完成，艾森豪威尔也没闲着，为了给出发的战士们饯行，他亲自来到了第八十二师的空降机场。他走到耶格尔的面前，很严肃地告诉他："虽然你没有驾驶战斗机，但是这次你的任务比那个更重要。"耶格尔站的非常笔直，向艾森豪威尔行了一个军礼，并大声地说："保证完成任务"。

作为此次行动的标记，所有运输飞机的尾翼都被涂上了三道虽不醒目却也不容忽视的白杠，飞机队形采用的是九机品字形。飞行高度以及队形都有严格的要求，但是由于天气的影响，编队大部分偏离了航线，并且队形非常混乱。当盟军到达诺曼底上空时，遭到了敌人的高射武器的袭击，使得伞兵在跳伞时高度增加了很多，飞行速度也提高了。当时的风速很快，所以伞兵的着陆很分散，还有部分伞兵在着陆时受伤。再加上德军已经把科汤坦水坝的闸门打开，河水很快流出来，地上已经是一片青草覆盖的沼泽地带，盟军在空中根本没有预料到，所以原定在草地上降落的伞兵几乎都陷入沼泽区。虽然伞兵在着陆时遇到了很多困难，但是仍然按照原计划进行作战。

随后，海军战舰也开始向敌人的阵地进行轰炸，在英国飞机场起飞的共有3000多架运输机和滑翔机，一起向诺曼底海岸后的纵深重要地带投入了3个伞兵师，大约有近7000艘的各种战舰、登陆艇、运输舰等，承载着坦克、火炮、步兵、各种武器以及工兵爆破队等，都进行编组，一起驶向海滩。

首先是让运输舰将部队运送到离海岸很近的地方，之后，换乘大型登陆艇以及小型的攻击艇，并排向前驶进，准时到达了攻击滩头地带。大炮和坦克以及大型登陆艇等重武器紧随其后，再后面还有登陆船，登陆船径直行驶到海岸边，船上的人员跳了下来，紧接着，船上的装备和一应物品也被卸了下来。而那些装载在登录艇上的各种大炮，在登陆艇一靠岸，便开始向敌人的防御攻势发起了攻势。

6月6日，在一番长时间的周密准备之后，针对西欧的"霸王"战役终于要拉开序幕，盟军们利用在此期间难得一见的好天气，开始着手在诺曼底地区实施登陆计划。

美国空降第101师、第83师和英国的第6师在离海岸十多千米的处的陆地上实施了空降，并迅速对登陆地域内的桥梁、交通枢纽、渡口以及其他设施进行占领，来配合登陆兵的登陆，随后，登陆兵开始登陆。同时参加登陆作战的有，由第7步兵第四师和第五军步兵第二师（增加1个团）组成的美国第1集团军，由第三十军步兵第五十师（增加1个装甲旅和1个突击营）和第一军步兵第三师以及加拿大步兵第三师（增加1个装甲旅和其他部队）组成的英国第二集团军。

在这次行动中，盟国空军出动了上万架飞机。共有三个空降师在德军的阵地上空开始降落，最先是英国第6空降师，于卡昂城以北地区着陆，并以最快的速度夺取了卡昂城到海岸之间的河流上的桥头堡阵地，之后是美国的两个空降师，他们在卡朗坦以北的地方降落，此次的降落对海上登陆部队对海滩进攻起到了重要作用，并且堵截住敌军想要进入科汤坦半岛的道路。在这次降落中，有些空降师降落地点比原定的要相对分散，尽管这样，空降师仍然完成了既定目标。

空降兵在这次的诺曼底登陆上的任务主要是，空降到离海岸十多千米处的登陆滩头的两侧，以此来阻止德军的后备部队的支援，并且，为了配合海军登陆，空降在此处的兵力开始从侧面向德军展开了反攻。在空降兵登陆之前，盟军步兵的登陆速度有些缓慢，此时只好建立起能够提供装甲师展开的大的登陆场之后，才将装甲师投入作战中。如果盟军的装甲部队没有登陆就遭到德军的袭击，不仅会给盟军的登陆造成损失，而且盟军想要再次登陆就非常困难了。所以在德军没有进行反击前，空降兵的登陆对整个盟军的登陆是非常重要的。

盟军方面，参战的空降部队除了英第六空降师和美第八十二空降师以以外，还有美地一零一空降师，这是盟军投放在欧洲的全部兵力。这次，英美军各抽调出一个机队负责空中运输，分别从英国南部的十几个机场出发，共运送运输机和滑翔机三千架，每个空降师由三个梯队组成，分别是突击梯队、后续梯队、海运梯队，他们在登陆前实施空降。

诺曼底登陆正在如火如荼地进行着，耶格尔所在的运输伞兵师表现得非常优秀，因此获得了留在英国继续参战的资格。耶格尔此次担任飞行小队长，在他的小队里共有四名队员，但这四名队员都是"王牌"飞行员。在作战中耶格尔只击落了一架敌机的战功，所以，此次作战他是小队里获得战功最少的一名飞行员。

诺曼底登陆结束以后，1944年秋的时候，耶格尔指挥整个中队又投入到了一场大的战斗中去了。在指挥战斗的过程中，有几个上尉不服这位年轻的少尉指挥官的命令，甚至出言不逊，并拒绝上机。然而耶格尔没有畏惧，自己登上飞机与其他的队员一同作战。战斗结束以后，耶格尔用事实证明了他是正确的。从那以后，不服从的人员越来越少了，耶格尔指挥的战斗次数也越来越多。有一次，这名中尉负责指挥整个大队执行任务，当时他只有21岁，而他所负责的大队有二十多个"王牌"飞行员。

1944年10月21日，对于耶格尔的一生来说是至关重要的一天，也是令他永远难忘的日子。在这一天，参加了空军突袭任务，在这次任务中，一共有五架敌机被他击落，这主要得益于他那双视力超常的眼睛，如果换做别人，未必会看到目标。在这一天，耶格尔向自己的大多数战友一样，终于圆了他的"王牌"梦，使那些昔日对他趾高气扬的队友不得不收敛了气焰，开始对耶格尔刮目相看起来。作为一名指挥官，发现敌机可谓是耶格尔最突出的一项特长。他觉得，自己在今天的战绩可以很好的弥补曾经的过失。他把这一好消息告诉了艾森豪威尔将军，而此时艾森豪威尔将军还在前线指挥战斗。战斗接近尾声的时候，艾森豪威尔将军回到了总指挥部，路过耶格尔的营地，让耶格尔到营地旁边的一条小河边去找他，两个人席地而坐进行了一番长谈。

艾森豪威尔看着眼前这位小伙子，语重心长地跟他讲了一句话："慎重和懦弱不是同义词，正如勇敢并不等于鲁莽一样。"接着又跟他讲起自己年轻时候的事，好像一位长辈在讲一个古老的故事。

记忆回放到1890年10月14日，那是一个极普通的日子。夜色很晚，在美国的得克萨斯州丹尼森中，有一个简陋的小木屋里灯光依旧明亮。一个年轻人在木屋外，走来走去，很是着急的样子。

这个小木屋紧挨着铁路。这时，一阵长鸣，顿时打破了这寂静的夜晚，一时间，小木屋被照得更是明亮。远处一辆大货车发出轰隆隆的响声，飞快地从小木屋前驶过，带起了一阵烟尘。

这时，小木屋的房门"吱呀"地一声打开了，一位医生探出头，对外面的人大声说："恭喜了，艾森豪威尔太太生个一个男孩。"

正在外面焦急等待着的老艾森豪威尔先生高兴有了，脸上立刻神采飞扬，他快速冲进小木屋，看见了躺在床上的妻子，虚弱的妻子向他笑了，老艾森豪威尔先生也看见了刚刚出生的儿子，睡梦中的儿子将粉嫩的小拳头伸进了嘴里，眉头微微皱起，本已进入梦乡的小家伙，却突然爆发了一声响亮的哭声。

这对恩爱的夫妇都笑了。他们看着这个娇小的孩子，心里升起了爱怜之心，这是他们的第三个儿子。他们已经为这个孩子起好了名字，叫"德怀特"，之所以决定用这个名字，是因为它很独特，不仅发音准确，并且不会和其他名字混淆。在德怀特没有出生之前，这对夫妇就开始预料这个孩子将来的职业会是什么，是教师、农场主还是医生。事实上，他们怎么也没有想到，现在眼前的这个小男孩，会是以后二战中的一颗耀眼的将星，他们的第三个儿子，改写了他们家的家族史。

随着时代潮流的发展，很快迎来了资产阶级革命时期。但是世界移民总和已经是一个非常惊人的数字，超过了以往所有时代移民数目的总和，受到生存意识的指引，人们不辞劳苦的从一个地方移到另一个地方，为了自己的梦想，为了更好将来，无数人对这种漂泊无依的生活甘之如饴。艾森豪威尔说："我的祖先也走上了移民的道路，他们是德国移民，

二战英雄的故事

原来住在欧洲莱茵兰地区，是宗教异端门诺教派。当时他们受到宗教的排挤，为了摆脱这一现象，一家人迁往在了瑞士，并于1741年又迁往到北美宾夕法尼亚。他们是一群精力旺盛、坚毅顽强的普通的劳动者，在美国西部一直过着颠沛流离的生活。之后，雅科布·艾森豪威尔也就是我的祖父，在该地的一个名为"河上兄弟"的教派担任首领，"河上兄弟"是位于宾夕法尼亚附近的一个教派。在这个教派中，居住在河岸上的大部分人都是普通人，他们的生活既简单又淳朴，在他们的意识中，可恶的战争就是罪恶的根源，无论以何种理由发动战争，这都是一种罪孽，这也是他们生活的信仰。"

　　一个人的发展，与他所处的时代背景有着不可剥离的关系，艾森豪威尔的祖父雅科布出生于1862年，原是一名牧师。他做事认真并有组织能力，待人和善，所以在当时很受人们的爱戴。尤其是在整个教友会上，只有他自己在讲道时，用的是德语。他脸上布满了胡须，目光炯炯，这使他显得威严而庄重。在美国内战爆发时，他年仅三十多岁，作为一名门诺派教徒，雅科布是一个不折不扣的和平主义者，因此他并没有参加南方同盟，即使是战争进入最紧张的状态的时候，他也没有改变自己的政治走向。1863年，当罗伯特·李将军率部向雅科布的家乡挺进时，雅科布的妻子，也就是艾森豪威尔的祖母正怀有身孕。

　　当战争持续12个星期后，艾森豪威尔的祖母生下了一个儿子，取名戴维，这个孩子就是艾森豪威尔的父亲。两年后，艾森豪威尔的祖母又生下了第二个儿子，并取名和阿伯拉罕·林肯一样的名字，艾森豪威尔的祖父母共生了10多个孩子。

　　"河上兄弟"教派的人员生活很闭塞，不和外面来往。当美国内战结束后，铁路线也不断地向大平原地带伸展，西部这个令人向往的地方开始召唤他们。19世纪70年代，"河上兄弟"教派开始向西部迁往。

西部这块肥沃的土地深深地吸引着人们。在教派的人们眼里，这里会使他们过上平静安稳的生活，在这里他们有着无限的憧憬。到1878年，艾森豪威尔的祖父也开始蠢蠢欲动，于是他决定带着全家离开生活了很多年的地方，和众教徒一样向堪萨斯地带前进。

在内战爆发后，无数的人们流血和牺牲，使堪萨斯的大门终于向移民敞开。同所有"河上教派"的成员一样，艾森豪威尔祖父一家居住在斯莫基希尔河的南岸，这是一片肥沃的土地。

在当时，众多的"河上兄弟"的成员从宾夕法尼亚州迁来，这一多达上百人的团体在迁来没多久便建立了属于他们自己的学校。

劳动创造生活。艾森豪威尔一家在迪金森县定居下来，之后，艾森豪威尔的祖父在当地买了100多英亩的农场，盖起一幢房子、一座谷仓，还建造了一架风车。当他们全家迁到堪萨斯时，这时的艾森豪威尔的父亲已成为一个大孩子了。他和父亲，也就是艾森豪威尔的祖父两个人为了农场有好的收成，每天都辛勤地劳动着。但是艾森豪威尔父亲并不喜欢这样的耕地、锄草的农田生活。在农场中只有一件事是艾森豪威尔父亲所喜欢的，那就是修理机器。

所以，艾森豪威尔的父亲为了能够摆脱农场的生活，他决定要当一名工程师。为了这件事，他恳求艾森豪威尔的祖父让他上大学。但是，一开始就遭到了艾森豪威尔的祖父的反对，并且给他施加压力，让他留在农场里。但是不久，艾森豪威尔的父亲经常地去恳求他的父亲，终于艾森豪威尔的祖父被说服了。他答应艾森豪威尔父亲去读大学，由于资金有限，只让他进入一所由江河教友会建立的一个小的学校，被称作兰恩大学。在那里可以学到传统的学科，也可以对学生进行实际培训。在艾森豪威尔的父亲 20 岁的时候，进入了兰恩大学。他在那里勤奋地学习，掌握了希腊文、力学、数学以及书法等。他励志要干出一番大事业来，不再依靠他的父母，走自己的路。

1884 年，我父亲大学二年级，新学年开始了。我的母亲当时 22 岁，也来到了我父亲的大学，而且她也是我父亲教友会的会员。更巧的是我母亲的出身也和父亲相似，我母亲的先祖是在 18 世纪 30 年代从德国搬迁而来的。据说刚开始住在宾夕法尼亚州的边陲，后来才搬迁到弗吉尼亚州的悉尼山。我母亲艾达就出生在那里。12 岁时母亲成了孤儿，在她的叔叔毕利·林克身边长大。母亲从小就异常聪慧，而且有着虔诚的信仰，有时间就会看书和背诵经文。后来母亲考上了大学，林克将一部分她父母的遗产交给了她，母亲就买了来堪萨斯的车票，到了兰恩大学，这时候母亲 21 岁。随后她认识了父亲，两个人相爱了。这段感情如此真挚和猛烈，以至于母亲放弃了自己的抱负，愿意在背后支持父亲走他的路。母亲是 23 岁那年与父亲结婚的，从此走上了一个和很多女性结婚后相同的道路，生儿育女，操持家事。

母亲那个时候充满了年轻人的活力。她有一头金色的长发，挺翘而不失柔和的眉毛，红润的嘴唇，爽朗的笑容，是学校最受欢迎的女生之一。她极喜欢音乐，可以说，宗教和音乐是她的两大精神支柱。在灵魂深处给她动力。结了婚，母亲花光了本已不多的父母的遗产，购置了一台钢琴，母亲的喜欢就是父亲的喜欢。当时这个小家庭并不缺钱，因为我的祖父在我父亲婚礼时赠予我父亲 2400 美元的现金和一座 180 英亩的农场。所以当时每天母亲的钢琴声、唱歌声和父亲爽朗的笑声总是不断地混响在一起。

不久，我父亲脸上的笑容就越来越少了。结婚使得两人的学业中断了，而父亲又不愿意像爷爷一样做一辈子农夫，他决定做生意。可是本金太少，于是就将农场卖了与人合伙开了个店铺，店名就叫做"希望"，父亲在店里忙这忙那，招待客人。

事与愿违，生意上我父亲并不走运。希望变成了失望，过了两年，到了1888年，经济灾难袭来了。一天，父亲忽然发现大部分巨款和余款已经被股东古德卷走。一夜之间，我父亲就由一个富人变成了只有一堆没有付款账单的穷人，在一个清晨，他发现他的同伙股东古德不在了，他很快意识到，古德逃跑了，并且带走了很多的存货和余款，留下自己的，仅有一堆没有付款的账单。在此后的几年里，我的母亲开始发奋研读有关法律方面的书籍，期间从未有过间断，只希望依照能让古德付出代价，为此，她变得十分坚韧。但是我母亲在后来并没有起诉，因为小店已经没有本钱了。回想起来，那是堪萨斯经济最萧条的时期，麦子的价格暴跌。像当时的大多数店铺一样，我父亲的店铺是允许那些农民赊销的。但是随着经济的越来越不景气，农民们也越来越无力偿还欠款。经商失败后，父亲将 所有产业委托给一名律师，请他帮忙收回欠款。没想到律师在将欠款收回后，竟携款逃得无影无踪，经商失败的父亲又一次受到了惨重的打击。

对生意伙伴的失望与对律师的不信任让父亲以后对类似事情绝口不提。我母亲瘦弱的肩膀挑起了家里的重担，承受着命运的安排。她就是这样一个伟大的女性，从未对金钱看得过重，圣经、音乐、对父亲的爱、还有我们的出生，使她无比坚强。这两次对父亲的沉重打击，母亲都是微微一笑，然后更加努力的工作，给父亲更多的关心，帮助这个家庭渡过难关，从而使得这条残破的小舟没在暴风雨中沉没。

现实生活有时是相当残酷的。当我第一次睁开眼睛，看到的是家徒四壁。当时家中除了一些日常必需品外，几乎什么都没有。很多结婚时置办的家具都典当了。唯独没有典当的是母亲的钢琴。音乐是母亲的挚爱，即使母亲提议过，但也被父亲拒绝了，现在我想这是父亲最后的底限吧。我们从店铺换到租住的小房子里，漂亮的乌木钢琴摆不下，只得搁在老家。当我一岁全家搬到堪萨斯的阿比伦镇时，父母的口袋里只有25美元。家中所有的一切都是黯淡的，除了母亲明亮的眼睛，像堪萨斯草原的阳光一样明媚。她认为，一切苦难都会过去的。她始终相信，生活会一天一天好起来的。她总能带给我们笑声，我就是在这样一个贫苦又充满笑声的家庭里长大的。

封闭的世界，是可以部分形容这个城镇的。阿比伦可以说是美国的穷乡僻壤，这里只有一条铁路与外界连通，人们过着闭塞的生活。幸运的是，这里的土地是肥沃的，给予勤劳的人们以生活的条件。然而这个封闭的地方不是桃花源，它四季分明，夏天天气热的时候可以超过40度，一点雨水就可以让街道变得泥泞。冬天天气冷了，可以到零下20多度，附近更远处的草原满是厚厚的雪。

这个美丽的小城有近6000名居民。大多为贫民和像我们一样迁来的移民。当地有一些传统的手工业，当然还有畜牧业，大批的牛羊放牧在草原上，长大后装进火车里，运到东部。这也是为什么小镇建有火车站的原因。我长大后据说每年从我们这里运出的牲畜有上百万头。当然，我们这里很早就有牛仔。每次赚了钱的牛仔就会沉迷在酒馆、妓院和赌场里。这些地方几乎日夜营业。打架、酗酒、决斗是常有的事，偶尔在哪个街角还会传来乒乒的枪声。所有的这些让镇上的居民感到害怕。堪萨斯的报纸夸张地说全美的亡命徒一半跑到了堪萨斯，堪萨斯的亡命徒一半跑到了阿比伦。小镇的前几任警察局长不是被这些人杀死就是被打跑了。

这里除了有牛仔，有亡命徒，还有关于西部的传说。在讲到阿比伦的治安史时，艾森豪威尔向耶格尔讲述了一位外号叫比尔的希科克的英雄。这个家伙参加过南北战争，在西部淘金的潮流中来到了西部，从一个小警察逐渐声名远播，成了一个传奇式的人物。他精通双枪，向空中扔起一枚银币，可以双枪轮流射击打上多次才落地。据说一次他追踪两个逃匪，在街口两个逃匪各奔东西，只听得一声枪响，两人同时倒地，闻得声响的人一看两个匪徒倒在地上无不目瞪口呆，半天才反应过来是双枪同发。一个个传说将到任的警察局长蒙上了一层神秘的色彩，而他也确实了得，在任职的这段时间他亲手射杀的通缉要犯就达到了近 60 人。饱经沧桑的小镇给予了他高度的评价，然而善水者溺，他最终被匪徒射杀在牌桌上，鲜血从太阳穴流出，染红了台布，这发生在 1870 年。

20 多年后我出生了，对这些传说充满向往，虽然我懂事后在镇上看不到一点枪战的痕迹。当然，西部开发时的传统在我小的时候阿比伦镇还存有，换一句话可以说我的成长深受这种传统的影响。到今天我还对西部小说充满了兴趣。

刚刚迁来的时候，我们一家挤在一幢破旧的木板房里。5 个逐渐长大的男孩子使得家里显得拥挤不堪，有的地方甚至转不过身来。母亲也为此忧心忡忡，一次在我们闹做一团踢破了墙壁后母亲哭笑不得地诉说她的心声：上帝啊，给我们一间大屋子吧。

上帝听到了母亲的祈祷，那是 1898 年夏日的下午，爸爸披着光从门外进来，脸上挂着兴奋的笑容，母亲这边说着："今天怎么了，这么早回来，提前下班……"那边父亲说着："太好了，我们有房子了，我们要搬家了。"母亲说到一半的话被打断了，放下水盆中的衣物，眼睛放出惊喜的光芒，"真的吗？怎么回事，坐下慢慢说!"我端来了茶杯，上前凑热闹，要听听这个好消息究竟是怎么回事。

父亲已经扶着母亲坐在了沙发上，他摸摸我的头，接过了我递上的茶水，咕嘟一口喝了进去，又抹了抹额头与脸颊的汗水，粗声说道："你还记得我弟弟埃尔顿吗？埃尔顿有幢大房子不是在华兰街 199 号吗？"

"嗯，有啊，是那幢粉色双层的木屋吧?"母亲不仅有些兴奋的回答。"对! 就是那!"父亲将茶杯咣的敲在桌子上，"埃尔顿要搬家，打算上洛杉矶。可是父亲不愿意走，你知道，弟弟条件不错，父亲一直在他那儿住，他现在的想法是我们租下或买下这个房子，并且照料父亲。你觉得怎么样？"

母亲倾着上身一直听完父亲的讲述后好像冻住了一刹那，只有脚在地面敲了两下，"租金怎么算啊?""是啊，我问过了，埃尔顿说了，我们只要象征性地付一些钱，就可以住进那幢大房子了!""噢，亲爱的……"母亲扑到父亲的怀里，激动得热泪盈眶，"我要漆成白色的!"

当时我才 7 岁，但是搬家时的情景我至今还记得，对于我们兄弟来说，这无异于宫殿：我们终于可以有自己的房间，可以在客厅里跑来跑去，可以到地下室探宝，可以到阁楼看星星。最让母亲激动的是，旅居多年的钢琴终于可以摆在身边了，孩子们也可以学了。她将钢琴擦得锃亮，摆在了前厅里，我们的耳边又传来的钢琴声和母亲偶尔的歌唱声。

我们终于有了自己的小房间，除此之外我们还有了自己的小天地。在新家的房后，有一片三英亩的田地，除了必须地农作物种植之外，母亲空出了一片地专门开辟出来给我们，包括年后才出生的当时还在妈妈肚子里的弟弟汉密尔顿。分完地之后我们可以在自己的土地上种喜欢的蔬菜，长成后留下吃或者到邻居家或街市上卖，渐渐地我们家的日子逐渐宽松起来。我们自食其力，靠勤劳和简朴逐渐还清了买房的债务，接着就小有积蓄。随着和小镇居民交往的加深，也逐渐赢得了大家的尊重。

我的父亲不仅仅遗传了德国人的血统，做事也像德国人一样严格细致，还有些死教条。他说出的话不容置疑，唯独母亲可以改变，但是母亲总是接受。就这样，我们都围着父亲转。一到了8岁，我们就要轮流起早准备父亲的早餐，一般都是5点，冬天晚一点，但要弄着炉火。

父亲的脾气暴躁，我们对他都不大亲近，还隐隐的有些害怕。他大多时候沉默寡言，对于我们的成绩或者遇到的问题都很少关心。我们很少和他谈谈我们的理想与想法。大家都害怕他藏在柜子后面的那块木板，它是专门的刑具，处罚我们谁不听话的。

"到现在我也忘不了那块木板。"艾森豪威尔点上一根烟，重重吸一口，吐出来。好像陷入了回忆中，"还想听吗？年轻人！""想听，每件事我都想听！"耶格尔忙道。

一天，父亲突然从工厂里回来，看到了在家的哥哥埃德加，正在忙着装农具。父亲有些惊讶，阴沉着脸问："埃德加，怎么没上学？"看到父亲突然回来，哥哥吓得手足无措，父亲阴沉的脸，更让他一句话也说不出来。

父亲意识到了什么，脸色变得格外吓人："是不是逃课了？"哥哥浑身发抖："我……我想挣点零花钱……"父亲面色铁青，顺手抽出哥哥正在装的农具中的皮带，说也没说就向哥哥头上抽去。

哥哥当时才12岁，在皮带中又躲又跳，"妈妈，妈妈"他着急得哭了，"爸爸打我，快来啊……"我实在看不下去了，跑到父亲身后，践他的衣角。父亲掉过头来冲我大喊："怎么你也想挨揍？"

"我觉得，"我一边哭，一边说，"无论是谁你都不应这样对他，哪怕是一只狗。"我抬着头直面父亲，牙关紧咬，目眦眉张。

父亲呆立片刻，扔下皮带，生气地离去。

和略显暴躁的父亲不同，母亲深受大家的欢迎。虽然她只是个普普通通的家庭主妇，但她性格活泼，待人热情，而且处事坚毅、从不半途而废。这对我的性格产生了潜移默化的影响。母亲对于教育我们有着一套独特的方法，她要求我们信仰上帝，正直诚实，积极上进，独立自强。对于组织工作她似乎有着天赋的能力，她安排我们做这做那，不久我们就都学会了洗衣、做饭、烧火、打扫房间和播种、施肥、除草、收割。

在母亲的循循善诱下，我逐渐地长大了。那时候的我身强体壮，几乎没得过病，也许是因为每天都运动有关吧。我对什么事情都充满好奇，不停地问这问那，比如"为什么种子会发芽啊？""水为什么会往下流啊"，母亲总会给我细致的解答。

一个家庭如果有六个男孩子会发生什么样的状况呢？母亲将我们组织的井井有条，在一起的时候，我们总要比较一番，她就鼓励我们这样竞争，看看谁蹦得最远？谁跑得最快？谁睡觉最早？谁背《圣经》最多？就这样培养我们的好胜心和进取心。

母亲还在我很小的时候就教导我，让我敢说敢做，并通过一言一行来示范。她曾经不止一次说过："男孩子要勇敢，决不能因为不敢说或者不敢做而感到痛苦。"

我们的新房子附近一派田园气息，百米外就是一片白杨树林，中间开满了各种野花，在我们的院子里也有小花圃，呈星状分布在草坪中。夏天花开时美极了。草坪和房子之间是葡萄架，秋天是我们兄弟的最爱。

这样的环境使我们满心欢喜，我在当地还结识了一群小伙伴。唯一让我不舒服就是其中有个小男孩总是骄横地对待我，他叫汤姆。

有一天，我在我的田地上玩，忽然发现汤姆跑到我家的小花圃里踩来踩去，我跑过去一看，花圃中新开的花都碎在泥土里了。

我连忙喊："汤姆，快出来，我的花都被你踩死了！"

汤姆正跳得起劲，听到有人喝止，吓了一跳。定睛一看，是我。马上换了嘴脸，不理会我，继续蹦。我着急得去拉他，他满脸坏笑，趁我不注意，挥手就是一拳，打在我的鼻子上，当时我的眼泪就流下来了。我的喊声吸引了附近的几个小男孩，当时大家都是一起玩。他们看到我哭了，不禁拍手起哄："不知羞——土小子哭了——不知羞——土小子哭了——"

我又羞又气，哭得更加响亮，汤姆几个一看怕引来大孩子或大人，跑去一边玩了。我有些哭累了，想到了妈妈，就跑回家去。

母亲正在做饭，看到我浑身是土，脸上哭得成了地图，不由得十分奇怪，我就讲了发生的事情。母亲带着我洗洗脸，拍了拍我身上的土，抚着我的头发说："别怕，我最不喜欢胆小鬼了。他们打了你，你就打回他，要做勇敢的小男子汉！"说着母亲挥了挥拳。

"可是，我要打起来，爸爸知道了会用小木板打我！"我讲出了心虚之处。母亲深深地看了我一眼，"你不能随便欺负别人，可是也不能让人随便欺负你，拿出上次就你哥哥的勇气来！"于是我深吸一口气，握紧拳头，重返战场。在小花圃的不远处，我看到了这群小家伙，他们正在玩泥巴，汤姆看到我回来，头还昂得高高的，感觉有些不舒服，马上跑了过来，大家一看又要打架了，就都跑来围成了一团。汤姆露出轻蔑地微笑，洋洋自得地向后来者介绍战绩，我冲过去就是一拳。"哎呀——"这一拳打在了脸上，汤姆一下坐在了地上。大家都呆了，个个睁大了不可思议的眼睛，同时还夹杂着畏惧。他们都没有料到我居然有胆量回来而且还敢打这个附近有名的"刺头"。

艾森豪威尔讲完，不禁哈哈大笑，明显沉浸在对美好童年的回忆之中。将军立起手指在膝盖上点了点，然后说："我看来一个人的成功最重要的因素无外乎信仰与坚持！"他的手忽然抬起，猛地想起挥出，"信念还不够，你要在心里将它变成信仰。当时的我只有一个想法，就是要证明自己。"

我挂着满脸的荣誉，胜利回家。一进前厅就喊，"妈妈，我赢了！妈妈，我赢了！"妈妈忽然出现在楼梯的转角，手里拿着药水，温柔地注视着我，"好孩子！"

从那以后，我再也没有害怕过汤姆，没有害怕过其他人。也再没有哪个孩子敢欺负我。

母亲总是通过一件件小事，不断磨砺我们兄弟。很小我就很要强，也可以说是争强好胜。同时也很坚韧，做事即使遇到再大的挫折也要有始有终。而且还喜欢挑战，每次克服各种困难后都有一种成就感。

母亲对于有的事会管，对于有的事就不会管。我们兄弟几个，时不时就要打起来，母亲很少管。别人总会奇怪地问小孩在打架大人怎么不管呢？母亲常常笑着告诉他们小男孩打架是天性，光靠压制不是办法，最好还是让小孩子自己明白如何处理争端。

有一件事我印象很深，一次妈妈正在做早饭，我和哥哥厄尔餐桌边打了起来。厄尔比我有力量，不一会儿就压在我身上，拳头像沙包一样抡在我的身上。

"服不服？"厄尔的声音。

"不服！"我倔强的声音。

厄尔不由得又恼又羞，抓着我的头发往地板上咣咣地撞。哥哥埃德加跑过来要拉架。母亲头也不回，大声说道："让他们打……"

随着我们慢慢地长大，阿比伦小镇也渐渐变了模样。我刚出生时的阿比伦是个小镇，和其他的美国西部小镇没什么区别。大多东西都是自给自足，与外面的接触极少，仅限于每天火车运来东部的商品，运走我们的麦子。政府没有给过我们什么帮助，所有居民的生老病死都由各自负责。蛮荒的西部时代不知是传说还是过去了，小镇上没有警察，大家彼此熟知，夜不闭户。

当我十多岁，小镇渐渐的有了变化。一下雨就泥泞的街道变成了柏油马路。城北建起了发电厂，喝上了自来水，有人用上了电话，城里开始有汽车驶过，不变的是人们看待评价彼此的标准。人们都推崇勤劳简朴。靠勤劳养家、不酗酒流连勾栏就是好男人；而将家里操持的井井有条、教子有方则是好女人。人们觉得一个男人能不能成功，靠的是个人的素质，事业无成的人只怨自己。

也许我的故乡有一些不足的地方，可是对于我们几兄弟、对于小镇上成长的其他孩子来说，实实在在是一个理想的沃土。那里的气息充满了公平、正直、向上。还有温暖，那里的确是一个……

耶格尔听到将军的声音渐渐地弱了，已经完全进入到对美好童年的追忆之中。将军眼中闪烁着熠熠的光芒，深邃而又宁静，有着童真的魅力。将军的声音又渐渐出现了，"这个小镇既给我们一个健康的成长环境，也给了我们努力工作的压力。同时，这也是这个小镇不断发展的动力。这里没有财富的偏见，没有种族歧视，没有宗教分歧，人们坚持正义、勤劳善良、关心他人。这些方面阿比伦比我看到的其他地方都要好，我们能成长在这样的一个环境里，是非常幸福的。"

小镇的民风朴实纯净，而我却争强好胜，也许在别人的眼里是好勇斗狠。我就像一个四处挑战的公鸡一样，每天都要和别人打上一仗。渐渐地同龄人都不和我打了，我就向那些比我岁数大、长得比我壮的人挑战。开始的时候和我打得最多的是我的哥哥"野牛艾克"，我的挑战经常让他感到火大，时间一长，一个眼神也能让我们在地上滚个半天。

虽然我和哥哥总打架，但是我们有个底线，就是不叫别人帮忙，而且一旦和外面的孩子带起来，就要枪口一致对外。每次将外敌先解决，在解决内部问题。不过，每一次家族战役后我们参战的兄弟都会多了几分战友情，将军说到这又呵呵地笑了几声，肯定是想起了什么，不过没有细说。将军接着对这件事进行了总结：那个时候，我了解了一句话：团结就是力量。

当我刚上中学时，手里接过了当年哥哥的接力棒。原来，在我们中学有个传统项目——中学一年级新生南北大比武。将军这时看了看耶格尔，问："年轻人，想听听比武的故事吗？"耶格尔说："当然想啊。"将军又继续讲了起来。在阿比伦，人们之间没有阶级的差异，贫富的差别也没有鸿沟似的差距。但是，比较富裕的人都住在镇北，像商人、医生、律师等都在那里建了漂亮的大房子，房前是整齐的草坪，屋后是各样的果树。普通的工人都住在镇南，房子大多以宽大为主，精致富丽就谈不上了。像我家这样的房子就算不错的了。镇南和镇北由铁路划定，而我们这些孩子从小玩在一起，到了学校自然就有南北之分。南北双方彼此不服，就约定每年进行一次比武，各派出一个代表，但必须是新生。我的哥哥几年前曾代表"南部"取得了胜利，使得南部的孩子在北部富家子面前昂了一年的头。

现在是我代表南部了，我很明白这份责任的重大，以及赢与输对我的影响。将军又停下了话头，慢慢说道："那时候的我用当下年轻人的说法可以称为帅哥，而且勇武过人。大家都很喜欢我，但也都很担心我，当时我个子比较矮小，特别是面对我的对手——"这时候耶格尔笑着插了一句："将军您现在还是风采依旧。"将军笑着摆摆手，接着讲起那段历史——我的对手叫韦伯，这个家伙又高又壮，特别能跑，还有力量，是"北部"公认的"老大"。当然我的名头也很响亮。所以这一仗吸引了镇上居民来看，要看看我们谁更厉害。

"小艾森豪威尔会赢！""不，韦伯会赢！"

"小艾森豪威尔还没输过呢！"

"噢，只可惜他个头太小了，还得再长两年，哈哈！"

大家不停地在争论着，试图说服对方。来看的人中南边的占多数，他们当然希望我能赢，不过韦伯实在太厉害了，他们都为我担心，口上的争论是不能输的，也许这也是在心里为自己打气。

这真是场艰苦的比赛，我至今还记得。他一拳，我一脚，彼此不停地往对方身上招呼。虽然他块头大，但我经验更丰富一些，保存着体力要打一场持久战，可以看得出他也有所保留。可打着打着，我们就都控制不住了，扑扑的拳拳到肉声和市民的加油声一样响亮。

我们打了好像接近一个小时。后来我们就扭作一团，在地上滚来滚去，累了就互相望着喘着粗气，稍一缓过来就又扑过去。最后我们都鼻青脸肿，眼睛看不清彼此，鲜血顺着眉骨往下不断地流，衣服全都湿透，裤子干脆都裹在腿上。很多女人都不敢看了。最后，韦伯跳了开去，说："别打了，我没有办法赢你。"

我也喘着粗气说道："我们打了平手。"说完话，我就拖着疲惫的身体跑回了家，之后，躺在床上，不想起来。我的母亲艾打达为我准备了一条热的毛巾，轻轻地走到我的身边，将毛巾敷在我的脸上，本来有些浮肿的脸上，像受到了刺激，一时间，感觉伤口疼得难以忍受，但是，当时的小艾森豪威尔却没有叫出声来，他忍住自己的泪水，不想让母亲看见。直到这件事情过去了一段时间，哥哥们再次提到我时，都显示出了很敬佩的样子，说我的性格就像父亲，有些执拗，不管别人怎么欺负，就是不屈服。

这段比武的故事讲完后，艾森豪威尔将军停了一会儿，之后，他又说道："小时候的我是个天不怕地不怕的勇敢的少年，没有事情能够难倒我。"如今想想，那段日子真的让人很是留念。但是有一件事却令我终生难忘。

春天的到来，让大地呈现出一片生机盎然，而春天的自然界是变幻无常的，人类是无法估计他的变化，他是不以人的意志来转移的。1898年的春天正是这样，阿比伦连续下了很长时间的暴雨，没有多久，河水就开始上涨，并蔓延到河岸，农田也遭到了毁坏。记得一天的中午时分，我的母亲让我和大艾克去给爸爸送饭，并叮嘱我们要快去快回。之后，母亲就拿出了一份热气腾腾的饭盒交给了我们。

我和大艾克像脱了缰的野马，从家门飞奔出去。而这时，我却突然想起，这段时间发洪水了，我的好奇心就上来了，之后我就征求一下我的兄弟的建议，一起去看洪水。

大艾克很爽快地答应了。很快，我们俩就爬到了铁路防波堤上，站稳脚步，定眼一看，都禁不住的惊叹道："好大的水啊！"而此时，我们眼睛所能看到的就是白茫茫的水花，微风一吹就会随风飘荡。过了一会儿，我看见水上漂浮着一条小船，马上指给哥哥大艾克看。等小船慢慢靠近我们时，我们知道这条小船上没有人，也没有船桨。我们的玩心很快被激发起来了，我们便找来一块木板当作船桨，跳上小船兴奋地玩了

二战浪漫曲

起来，忘记了所有。

我们一边划着小船，一边说笑着，微风一吹，有一种舒畅的感觉，这时候，我们谁也不记得要给父亲送饭的事了。同时，岸边上聚集了很多其他小孩，他们也希望能够上我们的小船玩一玩。

不一会儿，小船上的孩子越聚越多。突然间，兴起了一阵狂风，海浪顿时翻涌开来，船开始摇晃，马上，大风疯狂的向小船奔涌过来。

"船翻了！船翻了！"我喊了起来。小船上的孩子惊慌不已。由于孩子们乱动，小船承受不了压力，再加上大风的袭来，小船很快翻了下去，孩子们都掉进了水里。此时，喊声，哭声以及救命声都同时响了起来。这时候，我才清醒地认识到，我们还没有给父亲送饭，而父亲的饭盒也随着河水漂走了，我再怎么努力去抓饭盒，也无济于事。值得庆幸的是，我们掉在离岸边不远处，河水不是很深，我和哥哥拉着几个孩子拼命地向岸边游过去，我们的衣服全都湿了并沾上了泥巴。正巧这时我们的邻居路过这里，看见我们浑身湿透了，对我们说道："你们怎么会在这啊？你们的妈妈正在到处找你们呢！快点回家，现在已经是下午了，你们给你们的爸爸送饭了吗？"

我望望河水，饭盒已经被冲走了，我们都很无奈。从这到我的家仅有两分钟的时间，而今天我俩却用了六分钟，才拖着沉重的步子到了家，一进家门口，我们就看见了从母亲的眼里射出两道严厉的目光。

母亲厉声说道："到后门去。""把衣服脱掉。"

在我们脱掉衣服的同时，母亲取来了一根树条，之后，她用树条狠狠地抽打着我们。这时，艾森豪威尔对耶格尔说："这是母亲第一次用她那瘦弱的手，用力地抽打着我们，也正是因为这样，我永远忘不了那次的洪水。"

我不仅继承了父亲的鲁莽，而且还继承了他的脾气暴躁这一性格特点。不管在什么时候，只要父亲发起脾气，谁的话他都听不进去，任何人也无法阻止，暴躁战胜了理智。

时间过得很快，圣诞节要来临了，这个时候的孩子都是最快乐的。1900年，圣诞节前夕，在我的两个哥哥，阿瑟和埃德加的要求下，我的父母允许他们在圣诞节那天去郊外旅游。此刻，我对能够在郊外远足很感兴趣，也希望能够和他们一起去。在午间吃饭的时候，我就试探性地对父母说："我也想出去走走，那样的话心情就会放松很多。"

可是，父母并没有作出什么反应，我很失望。索性我就大胆地向他们要求："爸爸，我也想和哥哥们去郊外旅游。"妈妈看看我微笑着说："你还小，不适合去外面。""我不小了，妈妈""哥哥们可以去，我怎么就不能去？"我生气地说道。

爸爸也生气了，他使劲地拍了一下桌子："你的话太多了，就是不准你去。"我更加愤怒，便对爸爸喊道："我非去不可。"而爸爸却丝毫没有让步，他还在继续对我喊："你要是敢去，你就不用再回这个家了。"我委屈极了，我觉得我在这个家根本感受不到温暖，在这个家对我来说，根本没有公平可言。我冲到院子里，用拳头狠狠地打在苹果树上。

我一边狠狠地打着苹果树，一边哭了起来，心里越想越难受，很快我的双手留出了鲜血，没多久，双手就变得血肉模糊了。爸爸看见这样的情况，也冲出了房门，他使劲地抓住我的双肩来控制我的举动，很长一段时间过去，我才停止了我的举动。之后，我挣开爸爸的手，跑进了房间，扑在床上，痛哭起来。

母亲也随后走到我的屋子，慢慢地来到我的床边。她轻轻地拿起我的双手，温柔地为我涂上药，裹上绷带。

满是委屈的我，在母亲的抚摸下，渐渐地恢复了平静。我是一直将头埋在枕头下的，过一会儿，母亲将枕头拿开，静静地看着我，一直到我抬起头。之后，母亲才开始对我说："孩子，你要记住，一个人要想变得更伟大，就要首先学会控制自己的感情。"

母亲的这句平常话，是值得我一生受用的，从那以后，我从来没有忘记母亲的话。同时，艾森豪威尔对耶格尔说："是啊，人要想变得更伟大，就需要先控制自己的感情。"我也把母亲的这句话送给你，希望你能记住。

受当时的社会风气的影响，英雄成为人们崇拜的对象，我也不例外，我从小就喜欢英雄。当我知道我家的对面住着一位单身汉叫达布利，他在年轻的时候，是一位著名警察局长的助手时，我经常让他给我讲他的故事，每次他讲的故事都深深地吸引着我，使我着迷。有时候，我和达布利随同警察局长去郊外，我经常看他们练习射击，甚至，达布利为了满足围观的孩子们的好奇心，用真枪进行射击。不过，我还是崇拜鲍勃·戴维斯的，他有着多年的旅行经验，不仅当过渔夫、向导、而且还是一位明白事理的"哲学家"。

说到这时，艾森豪威尔将军低下了头，很长时间他才说道："我生活上的老师就是鲍勃。"年轻的朋友们可以和他学撒网、判断方向以及驾舟。最值得高兴的是，经过我的父母同意，我和他可以在周日休息的时候，在河上度过。也正是这样，我向他学习了打扑克，鲍勃虽然没有上过学，但是他对玩扑克非常精通。他遇见我也是幸运的，因为我是个头脑灵活的学生。

对玩扑克的全部奥秘，我很快就领悟到了。时间在不断地流逝，我越来越喜欢玩牌，我的玩扑克技术也达到了一定的程度。有时候，尽管在打仗，我也会在闲暇的时间玩几把扑克，因为我觉得在一直处于紧张的状态的情况下，有一次适当的放松是非常有益的。耶格尔听后，很赞同将军的这番话，他对将军说，像我就比较喜欢打猎，只要有点时间，我就会钻进森林里去，当有猎物牺牲在我的手上，我就会高兴地将猎物带回来。艾森豪威尔将军笑笑，拍拍肩膀对他说："这会不会是你比别人看得远的原因呢！"耶格尔也不好意思地挠挠头，笑了。

　　青春时光虽然是美妙的，但他也是短暂的。在我还是青少年的时候，我就对军事史非常感兴趣。有时候当我沉迷于阅读军事史时，就会将学校的功课以及家务事等都抛到了九霄云外。当母亲知道，我在这方面花去了太多的时间及精力时，她不免有些担心。甚至，他还将我的关于军事史的资料都藏到了柜子里。不过，每次我都会找到开柜的钥匙，只要母亲去外面买东西或者在外面的农园里干活时，我就会将书拿出来。看着书上的历史，尤其是描述的战争史，我就像着了魔似的陷入里面。

　　此时的耶格尔脸上已经是红红的，他不好意思地开口说道："我对历史就没有什么兴趣，所以学得一点都不好。"艾森豪威尔将军听后，笑了起来，真是有趣极了，我们正好相反，那你以后可要当心了，我会随时给你上历史课的。

　　虽然在那个时候，我对军事很着迷，但是，我却没有什么意念能够成为一名军人。直到我20岁以后，我喜欢上了战争故事，渐渐地在我的头脑里才有了献身于军事生涯的想法。每次当我读到战争的发起人是谁？什么时候发起的？战争中出现了哪些英雄以及他们的战绩时，我的心都在燃烧着，对他们的事迹敬佩不已。

　　每个人都有自己的信仰，并且信仰都是不同的。随着时间的流逝，我的阅读面也渐渐地扩大了，所以当我了解了更多的历史史实时，我就迷恋了一些重要的人物，他们的事迹让我感动。事实上我最崇拜的军事统帅是拿破仑、汉尼拔以及华盛顿。在当年，我的历史成绩不仅在班上甚至全校都是非常优秀的。所以，在我毕业的那年，都认为我会成为著名耶鲁大学的历史教授。

和平时代，人们把娱乐活动大部分都定在了体育运动上。我也是体育运动的爱好者，尤其是我特别喜欢垒球和橄榄球运动。我投入最多的精力也是在体育运动上，虽然这样，但我并不很优秀，我的体育项目是很全面的，但是由于我那时候比较胖，所以，跑得也很慢，但是我从不气馁、不屈服。我最喜欢具有挑战性的运动，特别是我喜欢比我年纪大和比我长得高的人进行比赛。当我在比赛中赢得对方，或者是对方因失误而输掉的话，我就有一种自豪感。

在打球方面，我打得多了，也就更懂得球员之间配合性的重要作用。我最希望看到的是比赛结束后的胜利。因为我一直相信我是有能力的。我对打球的态度很认真，我在严格要求自己的情况下，找到自己的不足，并迅速地改正过来。尤其是我的球队要是输掉球了，我把责任全都归在自己的身上，相反，赢球的时候，我会夸奖每一个球员。由于我的自信，我认为我会成为非常出色的组织者，所以很快我就成为了阿比伦中学体育联合会的组织者中的一员。因为这个联合会是一个独立的团体，所以收会费，会费是按月交的，每个月25每分。得到这笔钱时，联合会就会用这笔钱买球衣、垒球以及球棒等。每次活动时，我都会写信给当地的各个学校，安排球员的日程，并能够让球员们免费搭车，这样就解决了阿比伦通向比赛地点的交通问题。在最后一年的时间，我就在阿比伦中学的体育联合会任职了，职位是主席。

在年鉴报告中，我曾写到："为了是组织更加健全，希望在以后能够成为一个长久性的团体，我们共同起草了联合会的章程。剩下的任务就是每年进行一次新工作人员的改选问题。"这次起草的章程我认为很缜密，现在阿比伦中学好像仍在使用。

少年时光过得很快，我马上就要中学毕业了。毕业考试的临近，让我兴奋不已，对学习，我产生了更加浓厚的兴趣。因为我一直是个不怕考试的学生，反而我相信只有考试才能分出学生的好坏。之后，我中学毕业成绩出来，考得很好，并取得了很高的成绩，尤其在英语、数学和历史上，有30多名的毕业生，我排在第3位。

每个人的梦想都是从年轻的时候开始努力的，尤其是有着好的学习基础在将来的社会发展上会有着重要的作用。1909年，我中学毕业，我二哥也和我同一年毕业。这时，埃德加很希望他能够去密歇根大学去攻读法律，但是，父亲却不同意，他不相信律师会是一个诚实的人。父亲对他说，如果他上堪萨斯大学去学医，他将会承担所有的费用，但是如果选择密歇根大学，他是不会再拿出钱来的。埃德加经过慎重的考虑后还是决定去密歇根大学。于是，我和哥哥商量，先让他去大学念第一年，我会在外面工作挣钱，帮助埃德加；等到埃德加念完一年，由他去工作，供我读大学。因此，整个夏天，我们都去外面工作了，埃德加进入了乳制品厂，我则在外面干着苦力活。当上学的日子来临时，埃德加离开了阿比伦，踏上大学的路程。之后我接替了他的工作，并且我通过自己的努力在一段时间后便当上了司炉工。又过了一段时间，我当上了夜班管理员，我的工作量很大，一天要工作12个小时，没有休息时间，这样我每个月可以有90美元的工资，相当于父亲的收入。经过了一年的努力。我终于攒够了埃德加入学的费用，同时还有些剩余用作家里的补助。

我们这小镇是个避暑的好地方。在1910年的夏天，我结识了埃弗雷特·斯韦德·黑兹利特，他是镇上一个医生的儿子。斯韦德想去安纳波利斯的海军军官学校学习，便参加了 6 月份的考试，但由于他的数学没有及格，因此落榜了。但是，他没有放弃，回家苦读一年准备重新考试，也就是在这个时候，我们成为了无话不谈的好朋友，并一直保持着这种关系。

我选择的职业决定着我以后的命运，然而我选择这个职业和斯韦德有着不可忽视的关系。西点军校是世界军事史上很有名的一所军校，斯韦德建议怀特去西点学校。然而当时我能够进入西点军校学习可是一件不容易的事情，这需要他有常人难以忍受的军训。选择西点军校可以说是改变了我的一生。在朋友的劝说下，我终于下定了决心，经过一段顽强的学习准备，各项考试合格，我成了西点军校的士官生，从此开始了我一生的军旅生涯。

艾森豪威尔将军起身，拍打一下尘土，对耶格尔说："这就是我的童年以及我为什么当兵？"今天跟你谈了很多，我也没有想到会跟你说这么多。年轻人记住我母亲的话，那将会让你很受用。说完，将军径直走向车的方向，耶格尔在后面喊，"我们是朋友对吧！"艾森豪威尔回过头说："那你认为呢！"从此以后，艾森豪威尔将军和耶格尔就成为了非常好的朋友，他们也经常通信，艾森豪威尔将军一直鼓励着耶格尔要努力上进，而耶格尔也一直铭记在心。

在 1944 年的圣诞节前夕，耶格尔又立一功，他的战果是击落了一架德国喷气战斗机，它的飞行速度是很快的，耶格尔为了追击这架飞机，竟闯到了德军的机场，此时的他面临的是高射炮轰炸的危险，在这种危急的情况下，耶格尔果断地对正准备降落的敌机实行了攻击，并在击落敌机之后，安全返回。当他返回飞行大队时，他的战绩得到了认可，之后，授予他"空战十字勋章"。耶格尔很快将这一好消息告诉了艾森豪威尔将军，把如何击落敌机的整个过程都告诉了将军，这封信寄出去以后，耶格尔还在满心欢喜地等待着，他想将军指定会表扬他。

然而没有想到的是，艾森豪威尔将军却批评他了，再一次跟他重申了那句话："我们作战是需要慎重考虑的，但是这并不等同于懦弱。就像我们作战需要勇敢，但是不能鲁莽行事。"之后在信中，艾森豪威尔将军分析了他所处的境况，如果他被高射炮射中，将会出现机毁人亡的惨状。在低空飞行，根本没有逃生的可能，飞机被击中的话，也就没有生存的可能。这样的情况是多么的可怕啊!耶格尔读完这封信的时候，也感觉到了后怕。这一次有惊无险的战斗，让耶格尔更成熟老练多了。

1945 年初，耶格尔在英国的任务结束以后，带着荣耀的光环回到了美国。在英国的那段时间，他一共击落敌机 11 架，成为了一名"双料王牌"所谓"王牌"就是击落 5 架飞机，那么"双料王牌"就是击落 10 架飞机。而耶格尔是名副其实的"双料王牌"，他击落了 11 架敌机。

初次来到英国的时候，耶格尔所在的中队是人数较多的中队，有人数 30 余人，当他回国的时候，在他的战友里面，阵亡的就有 13 人，失踪的有 8 人，而能够生还下来的仅 9 人。这个时候的耶格尔年龄还是比较小的，在他回到的祖国的时候，才刚刚过了 21 岁的生日，然而因为他的出色表现已经晋升为一名堂堂的上尉军官了。

耶格尔在回国不久，就遇上了这一生他最爱的人——凯蒂。在为耶格尔举行庆功宴的宴会上认识的，大家都围着耶格尔敬酒，耶格尔是最不擅长应付这种场面的，喝了几杯酒以后，耶格尔就自己来到了阳台上，在那里他邂逅了他一生的挚爱——凯蒂。

耶格尔很快就与凯蒂结婚了，婚后俩人非常甜蜜。耶格尔的飞行大军于 1945 年 11 月份的时候解散了，他便来到了莱特基地，莱特基地位于俄亥俄州代顿市。他的妻子也在这个时候怀孕了，耶格尔为了能够让妻子顺利的生产，把凯蒂托付给他的母亲，有了母亲的精心照顾，耶格尔便可以放心的离开了。他再一次在蓝天上自由的翱翔，这是一次试飞任务，是在为他的飞行事业开疆扩土。

1945 年 9 月份，第二次世界大战结束了，艾森豪威尔将军放下了战争的权杖，回到家乡进行疗养了。

战争终于过去了，一切的战火硝烟都恢复了平静，耶格尔所在的大队也已经解散了，有的队员退役了，有的队员调到了其他部分，但是因为耶格尔有着高达一千多个小时的飞行经历，此外他十分擅长飞机的维修，所以他被入选飞行试验中心战斗机试飞战，而且不久就被提升为助理检修官一职。

耶格尔工作十分努力，再加上他有着特别的天赋，他在莱特基地的两周时间里，他就开上了美国的第一架作战用的喷气式飞机，这款飞机是洛克希德型"流星"飞机。这种喷气式飞机的性能极好，它能保持在每小时 800 公里的速度上作水平飞行，这是"野马"飞机加足最大油门时俯冲最快速度，对于一个勇者，这是不断挑战的过程，尤其像耶格尔这样的人，在刺激的飞行中找到了他生命的价值和快乐。

不论身在何处，都可以让生命的鲜花绽放，这就是耶格尔，由于他的出色表现，在 1946 年 5 月，他由一名检修官转变为一名专业的试飞员，他每次的出色表现都获得了上级领导的鼓励和支持，虽然耶格尔出身条件比别人差了些，在当时的飞行成员当中大部分都是从军校毕业的，而他连大学的门槛都没有迈进过。在基地试飞员学校的半年学习生活中，耶格尔学习一直很刻苦，对微积分等系列课程很是痴迷，他的勤奋和努

二战英雄的故事

力也感染了周围的人，在学习期间，他得到了一个加利福尼亚工学院毕业的轰炸机飞行员的帮助。

耶格尔通过不断地练习，很快学会了精密飞行，并将飞行的数据记录下来，以技术性报告的形式保留下来。经过了半年的学习后，耶格尔以优异的成绩毕业了。毕业后，耶格尔在经过层层选拔后，幸运地成为了一名 X-1 的主要飞行员，他的主要任务只有一个，即攻克空中"音障"大关。

X-1 的全名叫做 X-S-1，其中 X 代表研究的意思，S 代表超音速的意思，而 1 则代表这是空军研究的第一项工程，这项研究在 1943 年年底的时候，就已经开始进行 X-1 火箭飞机的研制，1946 年 1 月进行了首次试飞，在以后的研制过程中，不断地对其进行改良，以突破飞机本身的局限性，这是有史以来第一次利用火箭发动机进行动力飞行。同年 12 月，优秀试飞员查默斯·古德林在飞机改装后进行了首次试飞，到 1947 年 6 月，又有两名飞行员参与试飞，前后进行了 20 多次的试飞实验，飞行的最快速度也达到了 M0 8，这样的速度终于达到了承包商的试飞阶段。

X-1 就像一头怪兽，想很好的驾驭它，是需要相当大的勇气和娴熟的技术，对它的试飞有着繁琐的过程和系数较高的危险。耶格尔为了不让母亲和妻子担心，就没有告诉她们他现在的职业。在工作中，耶格尔竭尽全力做到最好，即使是冒着很大的危险。每当一天的工作结束后，耶格尔总是对着镜子一笑，并跟自己说："今天我又成功了，加油耶格尔！"。

在美国还进行超音速试飞的时候，英国早已经试过了，虽然是机毁人亡。然而经历失败的英国并没有放弃，紧接着，由杰弗里·德·哈维兰，英国著名的飞行员，担任试飞一个叫"飞燕"的实验性飞机，这架飞机，只要速度达到 0.94 马赫时(音速是 1 马赫),飞机就会出现分崩离析的状况,这样的飞行是非常危险的,因此,英国放弃了这种飞行试验。在场的飞行员认为,这种飞机在到达一定的音速时,就会产生一种"音障",这将会造成飞机瞬间的毁灭。也是挑战飞行员的身体极限。

与此同时,美国贝尔公司也同样面临着这样的危险,虽然有过放弃的念头,但是最终还是坚持下来了。当古德林第一次飞出 0.8 马赫时,贝尔公司就决定和古德林重新签订合同,并让他试飞出 1.1 马赫。但是这次,古德林从贝尔公司要价 15 万美元,并要求分期付款,在 5 年的时间内支付完毕,这样做是为了能够逃离国家税收。这样的要求,使得贝尔公司很是气愤,于是他们换了另一位飞行员继续试飞,想看看危险到底有多大。这个飞行员在试飞到 0.75 马赫的高度便降落了,他诚恳地说:"古德林所要求的价钱是非常合理的,一点儿也不多。"但贝尔公司方面还是不同意古德林所要求的那样分期付款,所以双方迟迟达不到统一,试飞也一直拖下去。

面对此种情况,空军方面接过了试飞工作,历史的责任就这样很自然地落到了耶格尔的肩上。经过一段时间的准备,耶格尔对飞机的结构和功能以及工程技术等方面的知识都有了一定程度的掌握,包括试飞前人员的各种训练。在 1947 年 8 月 6 号的这天,对耶格尔来说格外的重要,他的儿子小耶格尔出生了,今天又是他进行第一次无动力飞行,他作好了各项准备。当他进行了第一次试飞之后,为了熟悉操作的方法,他又进行了多次的试飞。

1947 年 8 月 29 日,耶格尔期盼的试飞的日子终于到了,他开始进行了第一次动力推进飞行。耶格尔登上驾驶舱后,在内心里祈祷着,希望一次成功,他的上级命令他飞行的最高限度为 0.82 个马赫。让耶格尔期盼的是，如果这才他试飞成功，就可以回家看望他的妻子和小耶格尔。

可是，耶格尔是疯狂的，在进行试飞的时候，他把发动机开到了0.85马赫，他的第一次的飞行速度就使他超过了古德林的第一次飞行，他的成功是让人惊喜的。当他返回地面上时，很是激动。直到第二天他才开始说话。他的上级为此表扬了他，并给放假一周，让他回家看看妻子和孩子。短暂的假期结束了，当耶格尔归队的时候，他的上级博伊德上校就找到他，关于他飞行时超过了0.82马赫速度一事，这是违抗飞行指令，于是命令他写出这样做的原因和保证不会有同样的鲁莽行为。作出解释的原因很简单，耶格尔的做法太危险了。

这样的试飞是有危险的，因此上级要求耶格尔在每次飞行的时候稍提一点儿速度便可。到1947年10月5日这天，已经是耶格尔的第五次试飞了，此时他的飞行速度已经达到了0.86,马赫。然而，以这个速度试飞的时候飞机便开始受到微波的冲击，驾驶杆也不再运转，飞机的副翼也开始不断地抖动，耶格尔使出全身解数才将飞机稳定下来。当速度再次进行到0.94马赫时，飞机的操作杆已经失去了功能，但是飞机还在以同样的速度飞行。这时，耶格尔才知道危险的到来，他立刻关掉发动机，使速度减慢下来，直到排完燃料，他才让飞机降落下来。

在地面上，超音速飞机发出的音爆声首次传入了人们的耳朵。虽然根据设计的原理，这种飞机能够飞出音速2倍的速度，但是飞机上的马赫表的测试是有限的，它只能测到1马赫。耶格尔估计他这次飞行到了1.05马赫的速度，后来经过分析，事实上，耶格尔的飞行速度已经达到了1.07马赫，也就意味着飞行速度到达1小时1120公里。这样的飞行结果对人们来说是值得庆祝的，标志着人类第一次突破了音障。

1948年3月26日，耶格尔再次承担了具有重要意义的任务，上级要求这次飞行速度应该达到每小时 1540 公里，耶格尔没有让人失望，他成功地完成了任务；之后，在 1949 年 1 月 5 日，耶格尔再次接受命令，最后他用 100 秒的时间飞到了 17000 米，他的飞行再次创造了记录。而他个人的记录在每次的飞行中都被自己刷新了。直到 1950 年 5 月 12 日，耶格尔总共完成了 X-1 的试飞共 81 次。

1947 年末，美国的《航空周刊》对耶格尔飞行的消息进行了报道，特别是对耶格尔的最后一次飞行，因为这次他的飞行已经突破了音障，这是人类历史上第一次突破音障的消息。直到 1948 年的 6 月，耶格尔所在的空军部门才证实这一消息。之后，空军参谋长范登堡在华盛顿亲自为耶格尔颁发了麦凯奖章。到年底的时候，耶格尔在白宫接受了杜鲁门总统为他颁发的科利尔奖章。这件事传到了艾森豪威尔将军那里，他先是非常震惊，而后向耶格尔献上了他的祝福。而耶格尔受到祝福后非常激动。

耶格尔通过试飞 X-1 飞机获得了很高的荣誉，并得到很多的奖章，如，奖牌、奖状等。还有一枚是纯金奖章，它是由国际航空联合会颁发的，这枚奖章的重量几乎有一磅那么重，耶格尔对他珍爱有加，并把它放在了银行的保险柜里。

耶格尔并没有因为得到荣誉而忘乎所以，此后，他还在继续进行各种飞机试飞的任务。当他去往加利福尼亚州时，在爱德华空军基地，他用了 5 年的时间，就把包括在六七十年代，曾在越南上空作战的军用飞机在内的，全部的新式飞机都试飞了。

在 20 世纪 50 年代末至 20 世纪 60 年代初期，这段时间，耶格尔一直在爱德华基地从事试飞和伴随其他飞行员进行试飞的工作。而 1953 年 12 月中旬的一天，对于耶格尔来说又是一个不平常的日子，耶格尔接到命令，让他试飞 X-1A，在试飞的过程中，耶格尔在 2000 多米的高度上，飞行速度达到 2.44 马赫，也就是说速度已经达到每小时 2600 公里。这样惊人的结果让他再次获得了高荣誉，他得到了哈蒙奖杯。

耶格尔在试飞工作上取得的成绩是无人能比的，因此耶格尔在 1968 年地被晋升为准将，到 1973 年又被晋升为空军安全检察官，到 1975 年 3 月初，耶格尔的军旅生涯结束了。到耶格尔退役的时候，他已经试飞了 180 多种军用飞机，飞行时间达到 10000 小时。此时，耶格尔成为了美国飞行史上的神话，他创造了无数个第一成绩的记录。

耶格尔退休后，并没有在家休息。公司研制出最新型 F—20 战斗机，年近花甲的他不服老，要亲自试飞。当时耶格尔已经 74 岁了，他穿着一身飞行服站在人们面前，比小伙子还有精神，身体还是那样的健壮，走路仍然是有力的。紧接着，他登上了战斗机，试飞开始，这次的飞行也是耶格尔的最后一次与蓝天告别。

耶格尔的一生，是不平凡的一生，他从战争年代走到了和平年代。生死对他来说只是一个过客，他经历过太多别离的场面，不是他麻木了，而是他想得很透彻。人的一生固有一死，或轻于鸿毛，或重于泰山。而对耶格尔来说，他只想认真地做好每件事，就是这样的想法，让耶格尔从平凡人中脱颖而出。

人们常说："伟大来自于平凡，平凡中孕育着伟大。"现在来看，这句话是非常对的，耶格尔就是平凡人中的一员，然而他却是人们最敬仰的大英雄。

从飞机维修工到飞行员再到战斗英雄最后到成功突破音障的试飞员，这些都说明耶格尔是平凡的却也是伟大的。

烈火中的红颜——莉莉

第二次世界大战，是继"一战"之后尤为惨烈的战争，在弥漫的硝烟和战火中，人们依然对它心有余悸，直到今天，它仍可作为警醒后人的有力实例。而在"二战"中的英雄也成为了一个永恒的话题，尤其是那些女英雄。

莉迪亚·莉托娃，人们都亲切地叫她莉莉，在春暖花开，阳光普照的日子里降生在莫斯科城，这个出生于工人家庭的小女孩，幼年时便对航空飞行非常向往。在 15 岁的时候，她就向航空俱乐部递交了想要加入的申请了，但是，由于年龄还不满 17 周岁的原因，莉莉遭到了拒绝。

这样的挫折并没有使年幼的莉莉感到灰心。她一方面继续努力的学习，了解更多的有关航空飞行的知识，另一方面，她想尽办法接近飞行俱乐部的主任教官，在与主任教官接触的过程中，她寻找一切机会向他表明自己的理想，而且还通过与他接触，使他能够进一步的了解自己已经掌握了大量的航空知识。最后，莉莉的诚心终于打动了教官。在她 16 岁的时候，她如愿的破格进入飞行俱乐部，成为其中的会员。莉莉卓越的飞行天赋，在刚刚进入训练的时候，就表现了出来，飞行训练的教官带她飞行了 4 个小时候，她便可以独自驾驶波—2 教练机了。

到了 1941 年的 6 月，纳粹德国向前苏联进行了突然袭击。当时纳粹德国集结了前所未有的巨大兵力进行袭击，这次的行动代号为"巴巴罗萨"。这场战争被前苏联称作"伟大的卫国战争"，同时也称"前苏联卫国战争"。

这时，意大利、匈牙利和罗马尼亚的部队也前来凑上了热闹，在希特勒的一再要求下对前苏联进行了趁火打劫的不仁军事攻击。当时前苏联陷入了战争的泥淖中，并且，在这场战争中失去了优势。

此时，同前苏联有着仇怨的另一个国家芬兰，也看准了时机，对苏联发起了进攻。芬兰与前苏联仇怨，源自于前苏联在建立"东方战线"的时候，对芬兰所做的侵略活动。在那时，前苏联割占了芬兰的部分土地，因此，芬兰人民抓住了这个难得的好机会。芬兰人是聪明的，他们知道自己应该做什么，也更知道自己想要的是什么。在与前苏联作战的初期，芬兰很快就收复了被占领的土地，随后就停止了对前苏联的进攻。

德国对苏联发动的闪电式的攻击，在最初的几个星期里，对前苏联红军的打击是重大的。当时，前苏联在分析德国发动战争的时间和进攻方向上出现了偏差，导致苏军对德意志帝国发动的闪电战猝不及防，以致他们很快就遭受了十分严重的损失。

在这国家危难当头的时候，前苏联的著名飞行员玛利娜·罗丝科娃萌生了组织女子飞行团的想法。但是这样的想法遭到了上级的拒绝："回到原来你在的地方吧，女人的任务是照顾好家庭，打仗的事就让男人们去做。"然而任，这样的话语无法熄灭她心头燃起的爱国之火。

罗丝科娃给斯大林写了信，在信中表述了组建女子飞行团的意愿，言辞恳切。经过慎重考虑之后，斯大林于 1941 年 10 月下令组建由女子组成的第 122 空军混合旅团，这个混合旅团包括第 587 轰炸机团、第 588 夜间轰炸机团和第 586 战斗机团三个团。由罗丝科娃来指挥这个混合旅团。同时，斯大林也让拉斯科娃在全国各地招募女性飞行员，一起来抗击德军对前苏联的袭击。

得到这个消息之后，莉莉毅然决然地报了名，下定决心要加入空军战队，保卫国家。于是，莉莉来到了恩格斯训练基地，这个基地距离斯大林格勒西北部 250 公里、濒临伏尔加河畔，在这里，莉莉进行了严格艰苦的飞行训练。

计划没有变化快，原定训练计划为两年，现在由于德军连续不断地进攻，前线需要大量的飞行员，所以飞行员的训练时间便缩短到 6 个月。这就使她们的训练变得十分紧张，每天只有五、六个小时的时间可以休息。

除此以外，她们在训练过程中还遇到了一些其他的麻烦，由于军队实现并没有做好接受女兵的准备，没有准备女兵的军服，以至于发给她们的都是全套的男子军服。这样的军服对于身材娇小的她们来说自然是很肥大的了，这就给她们的训练带来了很大的不便，这一现象直到几个月后才得到解决。

很快，莉莉凭借她过人的天赋，和多年的刻苦训练，很快地就通过了波—2 教练机的训练，然后进入雅克—1 战斗机中队，并被分配到了第586 女子歼击机团。

1942 年 6 月，因为第 586 女子歼击机团第一个完成训练，所以被率先派往前线，并且被派往到伏尔加河下游地带，投入到萨拉托夫这一个重要城市的保卫战当中。但是，这个团使莉莉很失望，因为这个团是属于防空军单位，没有原以为的那样"悠闲"。由于此时纳粹德国的飞机经常是在夜里在夜幕的掩护之下对苏军进行偷袭。这就要求飞行员要不间断地在空中进行作业，在战场上，女飞行员和男飞行员都是一样的，都要不分昼夜地，轮班坐在战斗机的座舱内，时刻准备着出击。在此期间，莉莉创造了空战记录，她用 20 毫米的机炮和 7.7 毫米的机枪一齐扫射，击落德军 JU—88 轰炸机一架，这样的成就令莉莉振奋不已。

不久之后，大概是在 1942 年的 9 月，莉莉和另一名女飞行员卡加·普达诺娃被派到斯大林格勒战区。她们加入了第 73 歼击航空兵团，同男飞行员一起并肩作战。

当时，斯大林格勒正进行着一场空前的战斗。这是一场辐射范围非常广的战斗，无论是空中还是地面，战斗的场面都异常的激烈和残酷。显然，这里的情况要比萨拉托夫艰巨得多。在那里，只不过是在夜间对付一些笨重的轰炸机而已。然而，在斯大林格勒这个战斗地点，飞行员是需要在白天和许多非常老练的战斗机的驾驶员进行交手的，在这场战争中苏联已经有很多优秀的男飞行员牺牲了。

这时，莉莉已经成为了一位空军少尉。1.5 米的身高，婀娜的身姿，满头金发的莉莉出现在雅克歼击机基地的时候，很多男飞行员都为她倾倒，特别是她那双迷人的大眼睛和嘴角上那甜蜜的微笑，更是吸引着男飞行员的眼球，他们都想和这位美丽的姑娘分到一个编队。

但是，她们的到来并没有得到团长巴拉诺夫的允许。当他看到前来报道的是两个女飞行员的时候，就立刻下达指示，命令她们立即返回原队。并不是团长对女飞行员有怎么样的歧视，而是，亲身体验过战争的无情，目睹了不计其数的战友的牺牲后，他不忍心看到妇女到这样的残酷的战争中去冒险。在此之前，巴拉诺夫已经下令调走了两名前来报到的女飞行员了。

不论莉莉如何向他请求，巴拉诺夫就是不同意，坚决让她们返回原来的部队。正在双方僵持不下的时候，王牌飞行员阿列克塞·沙罗马登适时地站了出来，他向团长求情说："我看应该给她一个飞行机会，看看她们的水平之后再作决定。"也许是出于阿列克塞与团长之间的特殊的友情，也许是团长真的被莉莉的真诚所打动，最终，团长巴拉诺夫还是同意了她们的请求，并让莉莉充当阿列克塞的僚机。

次日，莉莉便加入了这场残酷的空战。上午十点，莉莉便飞上了天空和阿列克塞一同执行对作战责任区的巡逻任务。

飞行大约十多分钟后，莉莉看靠了一个奇怪的现象：前面的阿列克塞的飞机突然急速下降，随即又来了一个跃升，不明情况的她也紧紧抓住驾驶杆并且小心地操纵着油门，紧跟在长机的斜后方。后来，莉莉才知道原来是阿列罗塞正与另一名飞行员进行战术配合，一起将德国的Me—109战斗机击落。

这使莉莉感到极度郁闷，因为在如此激烈的战斗中，她竟然连敌机的影子都没看见。但是她还是用出色的驾驶技术证明了自己，也正因为如此，马拉诺夫团长明确的表示同意莉莉和另外一名女飞行员——莉莉的好友卡加·普达诺娃留在飞行团参加战斗。这才使莉莉的心情由郁闷转为兴奋。她终于成为一名真正的战斗机飞行员了，实现了她多年以来的心愿。

在前线战斗的日子是极为艰苦的，那种神圣的国家的使命感，那些沉重的甚至令人窒息的压力使得真正的男子汉都疲于承担，更何况是对于那些本性柔弱的女孩们呢！正如一本记录二战的书中所写的那样，"在战场上，我们的飞行员，每个人每天都会分到一些伏特加，但在那个时候，我们只是二十岁的女孩，根本不会想到喝酒，我们会拿酒与男飞行员换巧克力吃，在战场上时间一长，我们也不会那么做了，我们把自己的这份酒喝了，因为到了晚上不喝酒是睡不着的。"这是当时的一位女飞行员在回忆中所提到的。可想而知，那是怎么样的一种艰苦的生活。

然而，这些艰苦对莉莉来说根本就不算什么。她本来就性格就比较外向，最主要的是，她在加入这场战斗不久之后，莉莉就坠入了爱河。她与阿列克塞成为了恋人，而且两个人在同一个飞行编队中。每次出战之前，阿列克塞都会深情地望着莉利，并紧紧握住她的手，为她祝福。这样细微的举动使爱恋中的莉莉倍感温暖，觉得自己是世上最幸福的女人。即使是在艰苦、残酷的战争之中，生活还是那样的甜美。

正如她的机械师朋友伊娜回忆的那样："我们经常会看到莉莉和阿列克赛两人并肩在机场边散步，样子十分的亲密，在旁人看来，他们好像有说不完的话，我现在还记得莉莉在我面前谈起阿列克塞的时候，脸上洋溢的那种甜蜜的表情，她是真的恋爱了，她是那样的幸福，好像一个活泼的公主，这也许是她这一生中最快乐的时光了。"

就这样，在弥漫的战场上他们的爱情之花绽放了。即使不能像和平年代中的情侣们那样，可以经常成双成对地在街头漫步，在花园温存。但是，他们可以在战斗中增进情感，练就了常人无法比拟的默契——协同作战技能。所有的战士都知道，在这片蔚蓝的天空上，飞翔着一对甜蜜幸福的情侣飞行员，他们相互鼓励，为了祖国的明天，在为自由进行着勇敢的拼杀。只要想到他们，残酷的生活中就会出现一种甜甜的味道。

此时莉莉的飞行技术已经非常了得，其他优秀的男同事们都已经对她刮目相看了，就连她的男友——前苏联王牌飞行员阿列克塞也很快地发现自己已经没有什么可以教给她的了。令莉莉最难忘的是她第一次击落敌机，虽然在之前她已经成功地击中过一架敌机，但是，莉莉仍然坚持这是她第一次击落敌机。

那一天，莉莉同阿列克塞和往常一样驾驶着他们的战机执行警戒任务。突然，两千米的云层下方有几架敌军的飞机，莉莉立即同阿列克塞密切地配合对敌机进行了攻击，他们的突然出现，将敌军的轰炸机小型编队的计划全都打乱了。

　　一场激烈的空战正在紧张地进行着，阿列克塞在两分钟左右的时间里，率先击落了一架敌机，而此时莉莉正对另一架敌机进行攻击，但没有打中目标。莉莉便集中精力继续进攻。而后他们飞到 900 米的高度时，正见到一架要逃跑的敌机。于是，阿列克塞立即做掩护，莉莉绕到敌机的尾部，瞄准、射击，动作一气呵成。几秒钟的轰炸使敌机的机身、机翼和发动机都受损严重。一个发动机因中弹而起火，这时，敌人才想起要逃离攻击的位置，便开动飞机向下俯冲。莉莉他们在后面紧紧地追赶，并进行攻击，到了 300 米的高度时，敌机带着浓浓的黑烟坠地爆炸了。

　　此后，莉莉凭借她过人的战绩在很短的时间内就取得了巨大的胜利。莉莉同阿列克塞一起击落了 11 架敌机。其中有 6 架是莉莉击落的，因此她被称为世界上第一名女"王牌"飞行员。

　　时间飞快，一转眼，莉莉已经加入这场空战快有一年的时间了。1943 年 3 月，莉莉与一架敌机在前苏联的上空进行激烈的战斗，这是她的第九个"猎物"。经过一番激烈的较量，敌机终于被莉莉击落了。但是，莉莉的飞机也受到了敌人的攻击，发动机被打坏了，而她的腿也受伤了。但她仍然保持清醒的头脑继续驾驶着飞机，直到她看见一片空旷的草地后，莉莉才进行迫降，她将机头对准草地，开行下滑。由于飞机严重故障，又是迫降，当着地之后，飞机就会由于力的相互作用而弹起。这样反复跳跃几次后才停下来。

　　驻守在这里的团长见莉莉的飞机着地后很快赶过来，只见莉莉艰难地从飞机上下来，坚强地向他敬了一个军礼，之后便倒在地上了。这样坚强的韧性是久经沙场的马拉诺夫中校的眼角湿润了。

　　莉莉的伤势很严重，医生要求她必须好好的休养一段时间。可是，

二战浪漫曲

莉莉舍不得离开她的战场，只接受了几个月的治疗和休养之后，就强烈地要求回到硝烟弥漫的战场上。倔强的她说服了周围所有的人，重新登上了她的战机。由于莉莉的出色表现，被任命为小队长，这样的荣誉使莉莉高兴不已。

这样坚强的莉莉，常常会被认为成一个"假小子"样的姑娘。其实不然，莉莉与其他的女孩子一样，十分的爱美。她也十分喜欢鲜花，只要一有时间，她就会到田野里摘许多鲜花，并把它们放在驾驶舱内，尽管这种做法是违反条例的。在那里工作的地勤人员，他们都喜欢这位文雅、带有羞涩的美丽少女。而莉莉这个名字又与俄语中的百合花的发音有些相似，所以有很多人便亲切地称她百合花。还特意地在莉莉的飞机上画了百合花的图案，这些图案是莉莉击落敌机的象征，因为她每击落一架敌机，"盛开"的百合花便会多了一朵。

莉莉击落的第十架敌机是德国的一个老飞行员，拥有赫赫战功，曾经击落过二十几架战机。在莉莉的飞机上画着一个黑桃 A，非常醒目，这是她所向披靡的象征，此外，在机头的位置还画着标志她击落飞机数目的 20 多个标记。这所有的一切标识都意味着她的赫赫战绩。

莉莉与他的空战只持续了 15 分钟左右。面对如此强大的对手，莉莉并没有畏惧，在空战的最后时刻，莉莉不怕有可能发生的黑视，随即加大了飞机的过载，随后大坡度的在空中盘旋，以此来切入敌机盘旋的内侧，寻找进攻的机会。终于，莉莉成功的进入了敌机的涡旋内侧，死死地"咬"住敌机的尾部，对其进行了猛烈的攻击。一瞬间，敌机就由于中弹过多而导致着火，飞行员不得不跳伞进行自救。这场空战可以说是空前激烈和残酷。当莉莉终于返回地面时，他才回过神来看到自己驾乘的飞机早已伤痕累累，很多地方都有子弹穿过的痕迹，还是有一点点后

怕的。

一个小时后，地勤人员将莉莉击落的飞行员俘获了，他身材魁梧，留着一头干练的短发，年纪约40岁左右，他的胸前佩戴着一排勋条和勋章。通过他自己的叙述，大家了解到，他从1940年5月开始，便几乎参加了西部战线所有的战斗，他击落的苏军和盟军的20多架飞机，是一个战功很大的飞行员。

随后，他向当苏军提出要求，他想见一下将他击落的飞行员。因为在他看来，能够将他击落的飞行员一定是这其中最优秀的人。可是，当莉莉出现在他面前的时候，他脸上顿时表现出一种莫名的表情，有些不屑一顾，有些愤怒，他不相信自己竟然会被这样一个女人击落。

于是，他愤怒地对翻译人员说："你们俄国人太搞笑了吧，我可没有心情和你们开玩笑，如果你们现在就让我见到击落我的飞行员，我会忘记这件事的。"他的话及态度引来了一阵哄堂大笑。之后，莉莉将当时空中的情况叙述一遍，包括当时他们的飞行高度、位置、射击等细节。翻译人员将莉莉的话翻译给这个德国飞行员，他便不说话了，那高傲的神情也不存在了，他知道面对打败自己的人他不得不承认自己的技术不如对方的事实。

1943年5月末的一天，在苏德战争的前线，德军方面升起了一个炮兵观察气球，站在这个热气球的吊篮中的是两个德军炮兵军官。很明显他们两个一定是这方面的高手，热气球在他们的操控之下，变得非常的温顺。与此同时，德国的炮弹像中了魔法，直向苏军方向飞去。这一战略的实施，使苏军遭受了不小的损失。前苏联的空军收到上级命令，要求立刻摧毁那个气球。但是，在气球的周围有德军布置了大量的高射炮，尽管他们想了很多办法，多次尝试，仍然没有摧毁它。

在这紧要时刻，莉莉主动提出作战请求，在得到批准以后，她驾着战机出发了。她并没有直接朝向那个气球的方向飞去，而是在离它很远的地方飞越了前线，然后绕了一个很大的圈子，从德军的后方接近这个气球。德国还在为苏军的屡屡失败感到窃喜的时候，忽然发现莉莉的飞机从德军的方向，带着太阳的金辉，像箭一样冲向观察气球。这样的突发事件，将德军弄的不知所措，只能随着莉莉的扫射，眼睁睁地看着观察气球变成一个火球，坠落下去。当他们反应过来，准备用高射炮袭击的时候，莉莉的飞机早已经飞回了苏军的阵地。这样的出其不意的胜利，充分的显示出莉莉的果断与睿智，她的精湛的作战技术再一次得到了所有人的认可。

然而，幸福和甜蜜的时光总是很短暂的，也许这对"王牌"恋人的幸福引来的上天的嫉妒，噩运降临在他们的身上——阿列克塞不幸的壮烈牺牲了，这是莉莉一生中所经历的最痛苦的时刻。更让人感到痛心的是，阿列克塞死于一场飞行事故，而不是牺牲在战场。

当时，战争的态势变得越来越紧张，战争残酷的带走了许多战士的生命。所以战斗人员的数目在不断地减少，为了增加人员，飞行团队就需要不断地补充飞行员。虽然这些新飞行员都经过严格的飞行训练，但是，他们从来没有参加过真实的飞行战斗，可以说毫无战斗经验，必须要经过一定的实战训练，才能够尽快的适应战场环境，成为一名真正的飞行战士。阿列克塞作为一名老资格的飞行员，自然而然地要承担起培训的任务。

由于战争一直都在继续，所以他们只能利用战斗间隙的时间，一个老飞行员和一个新飞行员进行格斗训练。有一天，阿列罗塞同一个新飞行员训练。此时，莉莉也没有战斗任务，便在附近观看他们。他们在空中如同和敌人较量一样认真、反复地练习。他们时而接近，时而远离，时而爬高，时而俯冲。

阿列克塞将飞机开到低空来回飞行，并且，慢慢将盘旋半径缩小，速度也逐渐变慢，已经接近了飞行极限，这样的动作是非常危险的。因为如果飞机进入螺旋状态，在低空飞行就会造成机毁人亡的惨状。但是，颇具经验的阿列克塞确认为，一旦新的飞行员受不住在小速度、低空、大坡度盘旋机动的情况下飞行，肯定会放弃这次的进攻，逃离现场，这样他就可以对其机进行咬尾反攻，一举歼灭"敌人"。很快，情况正如阿列克塞认为的一样，新飞行员坚持不下去了，退出盘旋。阿列克塞舰"敌方"有退缩趋势，立即进行急转弯，按计划进行咬尾反击。

但是，出乎意料的是飞机在转了一半的时候突然失速，便在空中盘旋漂浮。紧接着，一声巨响，阿列克塞和他的飞机一同坠在地上。这一瞬间，在一旁观看的莉莉惊呆了，面色惨白，大脑一片空白。她就那样一动不动地坐在那里，眼睛失去了所有的光芒，整个人就像失去了知觉一样。

直到一辆救护车驶来，在场的人都快速的挤上车，莉莉才回过神来，与他们一同奔赴现场。飞机竟然没有起火，这可以说是不幸中的万幸了。飞机因与地面撞击而弯曲变形，阿列克塞的身体也扭曲变形了。但是让人震惊的是，阿列克塞的脸部丝毫没有受到一点伤害。从他的面部表情中，你看不出一丝的惊恐，那是一张端庄、英俊的脸，和他活着的时候一模一样。此时，莉莉的悲痛无法想像的，他亲眼看到爱人从自己的眼前消失了。但是坚强的莉莉没有哭。她强忍着眼泪，伏下身子，轻轻地亲吻了阿列克塞的额头。

阿列克塞的死是莉莉永远也不想提及的伤。在平日里，莉莉像真的把他忘记了一样，从不提起，还是保持着她那一如既往的开朗。但是，这只是她牵强表现出来的，她不想爱人在天堂里为她担心。莉莉随身携带着一张她与阿列克塞的合影：背后是硝烟弥漫的战场，两个人肩并着肩坐在机翼上，莉莉的肩膀被阿列克塞的一只手幸福地搂着，在他们脸上是甜蜜的笑容。这是莉莉同阿列克塞仅有的一张合影照片，这样的幸福一直被莉莉珍藏在内心深处。

在没有了阿列克塞陪伴的日子里，莉莉没有因此消沉，反而有了精神，更加积极地参加每一次战斗。之前是她愿意和恋人一同出战杀敌，而现在她是有意的要让激烈的战斗生活来麻痹自己悲切的心，只有在紧张的战斗中，莉莉才能暂时忘却对阿列克塞的思念。就这样，几乎每天她都让自己精疲力尽，然后晚上倒床便睡。

1943 年 8 月的一个清晨，莉莉从山坡上带回来一些小野花，她已经很久没有做这样的事了。小野花被插在仪表盘上，然后，开始给远在莫斯科的母亲写信。在信中，莉莉写道："亲爱的妈妈，我很想你。为了我们可能像从前一样快乐地在一起，我会尽全力将德国人从运河赶出去，为此我将努力到底。妈妈，真想看见你，在心里吻你……"

就在同一天，莉莉还有一项任务，那就是去游猎，在距离前线还有16 公里处，她与敌军的一大批轰炸机相遇，并且在大批敌轰炸机的上方还有一个占有绝对进攻优势的敌战斗机群。面对这样大的威胁，莉莉并没有感到害怕，她依然毫不犹豫地冲上去。先后有 10 多架敌机一起向她进行了围攻。莉莉竭尽全力进行反攻，不久她的炮弹就打光了。没有了炮弹，莉莉就开始想办法甩掉敌机，她使出浑身的解数。可是，敌军的队伍实在是太厉害了，莉莉还是没能逃脱。

在这场空战中，苏军共有三架雅克飞机被击落，这其中就包括有莉莉的飞机。战后，曾经被俘的两名飞行员说道："我们亲眼看到莉莉跳伞了。"但直到现在，大家都很失望，一直没有找到莉莉。莉莉的战友们，一有时间就会去寻找莉莉的下落，但是很长时间过去了，仍然没有莉莉的一点儿消息。同时，莉莉的遗体和飞机的残骸一直没有找到，部队不肯为她举行葬礼，尤其是在晚上点名的时候，他们依然会点到莉莉这个好听的名字。战友们倔强地认为莉莉她还活着，即便每个人都很清楚，在那样残酷的战争中生还的几率几乎为零的。

莉莉不幸的消息传出后，飞行团内的战友都为她难过，失声痛哭，即便他们平日里都是钢铁战士。莉莉牺牲的那天离她 22 岁的生日还有 17 天。那束她在山上采摘的野花和那封写给母亲的信是莉莉留给人们最后的记忆，那些深爱她的人都愿意相信，在她生命快走到尽头的时候，她最后看到的是她最喜欢的那些野花。

在莉莉飞机失事的地方，战友为她立了一个石碑，在石碑的上面刻了十二颗金色五角星，以此来纪念她在战争中所获的 12 个战果。同时，还在墓碑上留下一块空地，希望以后政府能授予她"苏联英雄"的称号时能填在这个墓碑上。而实际上，前苏联总部却传来了让人震惊的消息。"有些人怀疑莉莉根本就没有死，而是被德国人俘获了，由于莉莉的父亲是因政治罪被判处决的，所以他们也怀疑莉莉在政治上也是不可靠的……"正是由于这些毫无根据的猜测和连带性的理由，政府再没有给莉莉任何荣誉。

这样不公的举措激起了民众的不满，特别是那些曾经与莉莉一同生入死的战友们。莉莉的战友，同时也是莉莉最好的朋友依娜听到这样的消息后，她咆哮起来："我才不信这些胡说八道的鬼话呢！我发誓，一定要为莉莉讨回公道，无论付出怎样的代价。"

依娜真的那样做了，依娜也从部队里退伍回家了。她并没有忘记曾经的誓言，她用大部分时间来寻找莉莉。几十年的时间就这样的过去了，她开始的时候是与丈夫一起找，后来又和孙子找，将所有的精力和所有的钱财都花费在寻找莉莉上，她还一次次地重返之前的战场，那心中的悲苦也一次次被倒出，为的就是把失落的正义寻找回来。功夫不负有心人，莉莉的遗骸终于在1979年被找到了。

直到莉莉牺牲后的第47年，也就是1990年，5月5日这天，前苏联总统戈尔巴乔夫签署了命令，在命令中授予了莉迪亚·莉托娃为前苏联"金星英雄"的光荣称号，也在这一时刻为她举行了葬礼。莉莉终于得到了应有的荣誉，即便这个荣誉来的太不容易也太迟了。

莉莉的一生只有22年的光景，但是在她短暂的一生当中，她将自己的个人价值扩大到了最大。德国人一直将莉莉飞机上所绘制的百合花误认为是白玫瑰，所以就将给她起了一个外号叫"斯大林格勒上空的白玫瑰"。在战场上，德军最恐惧的就是在空中遇见这朵"白玫瑰"，甚至有的德国飞行员一看到机舱上的"白玫瑰"就望风而逃。莉莉一生共计出战168次，单独作战击落敌机数量共计12架，同战友一起击落3架，成功摧毁德军炮兵观察气球一个。在二战中，莉迪亚·莉托娃是所有女飞行员中击落敌机数目最多的一个，是一个名副其实的"王牌"女飞行员。

十字线后的巾帼英雄

十字线后的巾帼英雄

1941 年，纳粹军队攻入前苏联。敌军从空中投下如雨点般的炸弹摧毁了许多城市，许多善良的人民死在炮火中，横七竖八的尸体不计其数。诗人瓦·列别杰夫－库马契怀着这种悲痛和气愤的情绪写下了这首诗，后来，有人将这首诗谱成曲，从此便被人们传唱。

战争是残酷的，是血腥的。爱好和平的人们被纳粹分子蹂躏在铁蹄之下，即使这样，人们也没有屈服，当悲伤袭来，死亡临近的时候，人们就唱起那首歌，"起来，伟大的国家，做决死斗争……"就是那首歌，一首让人振奋、让人血脉涌动的歌，它能把残酷的战争变成是美的洗礼，把雄壮的进行曲变成饱含深情的泪水，这就是《神圣的战争》。

在莫斯科保卫战中，不仅仅诞生了这样一首圣歌，还有那些为了保卫国家所牺牲的英雄们。在这一章中，让我们来了解一下十字线后面的女英雄——柳德米拉·米哈伊尔洛夫娜·帕夫利琴科。

海军少将柳德米拉，是前苏联英雄，在卫国战争中，为了守住敖德萨和塞瓦斯托波尔这两个军事要塞，共击毙数百个希特勒匪徒，被人们称为"狙击女神"。

狙击手，一个独特、冷酷而又给人带来无限遐想的名称。他们就如同战场上的幽灵，他们悄无声息，杀人无数。任何人不知道他们的踪影，也不知道他们能在哪里藏身。杀人的时候让人感觉不到其存在，可以说，狙击手这个让人既羡慕又害怕的代名词，暗含着深深地杀机。

所谓的狙击是在隐蔽的地方伺机击毙敌人。在19世纪，印度国家地区上有一种猎鸟活动，这种活动主要是捕捉一种叫"snipe"的鸟，这种鸟非常娇小，动作非常的灵活，想要捕捉到它是一件非常不容易的事情，它需要非常出色的射击和一种潜行的技术，时间一长，这种活动就被传了下来，人们也称作为snipe，直到后来，这种活动被演变成用来称呼军事上狙击敌人的行为。狙击手这个词最早来源于1773年的时候，当时的印度被英军侵占，驻扎在此地的英军经常在空闲的时候玩一种游戏，就是经常去猎杀一种动作灵活的沙锥鸟（snipe），这种鸟的行动是非常迅速的，不容易被击中，后来人们把一直擅长于这种游戏的人称为sniper。之后，随着时间的推移，就演变成专业的狙击手叫法。

现在的狙击手都是经过专门而特殊的训练的，不仅射击水平非常精准，而且对伪装和侦察技能都具备很强的能力。柳德米拉就是其中的众多神秘狙击手中的一位。

十字线后的目光是如此的清冷，宛如刀锋般让人战栗不安，只要有一时间的心软、同情和瞬间的迟疑，都有可能让自己成为敌人的靶心。战场上你死我活，都是生与死的较量。如果没有人经历过那样的生死搏斗，无论是谁都没有资格去责备和评判狙击手的残酷无情。因为战场上需要他们这样做，无论是谁面对死亡都应该毫不惧色，即使看见敌人的脑浆飞溅，自己的战友或亲人躺在了自己的身边……作为这样的狙击手柳德米拉，她总是那么的镇静与淡然。

1916年6月12日，是一个阳光明媚的日子，在乌克兰贝里亚·特沙科夫的一个小村庄里，诞生了一个婴儿——这便是柳德米拉。在柳德米拉小的时候，她是一个学习勤奋、成绩优秀的好孩子，从小培养成了一个十分独立的性格。她的世界里没有战争和杀戮，充满了美好。这样一个惹人喜爱的小女孩，任谁也不会想到，她会成为那么冷血的狙击手，纳粹德军挥之不去的噩梦幽灵。

在柳德米拉15岁的时候，她们全家迁往基辅，过着平静而又快乐的生活，在那里她也度过了自己的中学时光。毕业以后，她很快地找到了一份工作。在工作的业余时间里，柳德米拉爱上了射击运动。工作休息日的时候，她就去射击俱乐部练习，并且常常参加射击俱乐部的活动。她的性格里所具有的沉稳和坚韧以及不怕苦的精神，让她很快成长为一名神枪手。

如果没有万恶的纳粹和残忍的战争，柳德米拉的人生又会是怎样，谁也无法猜测。战争毁灭了她很多美丽的梦想，也夺走了她平静而安稳的生活，但同时战争也为她铺设了通往英雄之路的旅程，造就了她注定与别人不同的人生。

德国纳粹头目希特勒的一个"巴巴罗萨"的计划，真正改变了柳德米拉的人生，让她走上了狙击手的道路，让她真正地体会到危险与死亡离她那么近。然而柳德米拉没有犹豫，毅然地踏上了狙击之路。

1941年6月初，德国最高统帅部将最后的军事准备提上日程来，并最终确定下来，同时，向海军和空军以及各个集团军发出命令。德国武装力量的高级指挥官会议于6月16日在帝国办公厅内举行，会议中下达了关于准备战斗的通知。

关于"巴巴罗萨"计划，德国武装力量最高统帅部于6月16日下达了最后的命令，并定于6月22日起开始执行，命令要求，德国的法西斯军队应该依据"多特蒙德"的信号，等待对苏联发动进攻。

法西斯侵略军总共出动了由十九个装甲师、十四个摩托化师和一百五十三个德国师组成的近一百九十个师的兵力，并且配有四万七千多门大炮、近五千架的飞机、大约二百艘舰艇和三千七百多辆的坦克。他们从波罗的海到黑海之间共有两千多千米的战线上，向前苏联进行了大规模的袭击。

德国的突然进攻让前苏联措手不及，前苏联根本没有做好反击准备，仅仅一天时间，苏军就有一千多架的飞机被击毁，还包括上百架没有起飞的飞机。在德军的闪电战攻击下，苏军的防线很快被击破，德军用最快的速度向前挺进。

1941 年 6 月 22 日，善良的人们还沉浸在美好的季节，准备享受这迷人的春天。然而纳粹的铁蹄却踢开了前苏联的大门，前苏联的劫难由此而开始了。人们惊慌失措，眼睛流露出那种恐慌，是对战争的恐慌，是对纳粹的恐慌。虽然恐慌却没有惧怕，勇敢的人们拿起手中的工具，与入侵者进行生死决斗。

此时，25 岁的柳德米拉已经是一位风仪玉立的女孩，她正在基辅国立大学学习，主修历史课程，每天往来于知识的海洋之中，突如其来的战争打破了她原本宁静的生活。敌人已经打到家门口了，学校号召大家参军，要为国献出自己的一份力量。柳德米拉虽然外表看起来很柔弱，但是在她的内心有一颗坚强不屈的心，也正因为她强烈地热爱自己的祖国，所以她去了征兵处，报名参军。由于她有着标准的女军人仪表，招兵官员对她极为看好。

招兵官员在没有征得柳德米拉同意的情况下，就要把她编入战地护士的行列。然而柳德米拉是非常反对的，她说："我希望自己能拿着枪直接去前线打敌人，要多杀几个希特勒匪徒。"招兵官员却跟她说："你会成为一个优秀的护士，或者后勤人员。"柳德米拉却坚决的回绝了，她希望到前线与自己的同胞们一起战斗，为自己的祖国出一份力。

招募军官看着面前这个美丽而又自信的姑娘笑了，问道："怎么拿枪，你知道吗？"柳德米拉立刻做出拿枪的姿势，并自信地告诉招兵官自己还是个神枪手。虽然这样，招兵官仍然希望柳德米拉能够放弃她的想法。并向她描述了战场上的残忍与血腥："子弹不会认识你是男人还是女人。"招兵的军官说，他们已经见过很多像柳德米拉这样的姑娘，她们都希望能够为自己的国家争光，要求上战场战斗，并且态度很坚决。事实上，她们都更适合做一名护士，或成为一名后勤人员，在战场上厮杀和战斗是男人的事。即使招兵官员苦口婆心地说了这么多，也改变不了柳德米拉上前线的决心，她坚定地说："首长，我一定努力成为一个非常出色的士兵，请您相信我。"招兵官员看到柳德米拉这样决绝，终于被打动了。就这样，柳德米拉的想法得到实现，并且被分配到第 25 步兵师成为一名步枪射击手。

此时，德军已经兵临城下。1941 年 7 月 9 日，仅仅这一天的时间，苏军就有数十个师被歼灭，伤亡惨重。而德军方面三方面前进，速度向前推进着。北方集团军在北路勒布攻占了普斯科夫，这个城市离列宁格勒很近，德军占领那里之后，列宁格勒已经受到严重的威胁。中央集团军在中路攻占了明斯克。南方集团军在南路伦斯德地区攻占了日托米尔，之后，直接逼近基辅。

德军的总指挥希特勒，曾经妄想要用"闪电战"来攻克前苏联，并预计在短短两个月时间内将前苏联打败，等到冬天降临使战争结束。希特勒还曾狂妄地说："在前苏联，我们只需要在他的门上一踢，整个房子就会坍塌下来。"然而他却不知道，此刻前苏联的人民都团结在一起，准备与纳粹者决一死战。

希特勒还在按照计划进行，这次战争主要分三路进攻，"南方"集团军群用 3 个集团军、1 个坦克集群，共有 26 个步兵师、4 个摩托化师、4 个骑兵师和五个坦克师组成，作为强大的左翼主力，向基辅方向突击，攻占基辅地区第聂伯河及其下游的渡口，以便在河对岸继续作战。

"中央"集团军群包括集团军和坦克集群，有步兵师、摩托化师、骑兵师、坦克师等，准备以最强的兵力向明斯克方面挺进。

而"北方"集团军群包括集团军和坦克集群，有步兵师、摩托化师和坦克师，从波罗的海方面向列宁格勒方向挺进。

在此次战斗打响前，前苏联为了加强战争防御准备和西部边境的防线，做了很多准备工作。在战争打响时，苏军在西部防线上的兵力就有一百多个师的兵力。但由于前苏联最高当局错误地估计了德国发动侵略战争的时间以及出兵的规模估计，使得前苏联在西部边境上的工事没有完成，德军对前苏联的突然袭击致使前苏联没有足够的思想准备，缺乏组织能力和撤退机制，同时对敌人的集群坦克也没有应付措施。这些因素便造成了战争初期苏军的失利。

从凌晨三点开始，仅用半个小时时间，德军就突破了从波罗的海到匈牙利的边界线的很多防御阵地。德国虽然也遭受到苏军防线上的顽强抵抗，但是不足以抵抗德军猛烈的进攻。很多破坏分子和捣乱分子也随着德国部队越过边境。他们的主要任务对前苏联的通讯中心、电话线等设施进行破坏，同时，他们潜伏在公路和铁路两旁准备对付路过的苏军。

边界的另一侧局势也是混乱不堪。那里的众多机场遭到持续不断地狂轰滥炸。很快，德国空军就向外宣布，他们击毁了苏军八百多架飞机，而他们自己确仅损失十架。

面对如此严峻的形势，苏军的边防师却都不能进行支援，他们远离防御阵地，有些指挥官已经离开了岗位，并且把大部分炮团和通讯营派

二战浪漫曲

往靶场和兵种训练中心，对他们进行特种兵器训练，而不是去抵御德军的进攻。

德国空军凭借着他们在空中的优势，使苏军几乎不能在公路的沿途行动，将苏军前方阵地的控制与通信系统完全破坏，这样就会导致苏军的通信系统陷于瘫痪状态。

赫特率领的装甲集团军群由两个装甲军组成。古德里安率领的装甲集团军群由三个装甲军组成。这两个装甲集团军群都是由步兵集团军来指挥。事态的发展对于苏军而言很不乐观。前苏联在当天上午 7 点左右发布命令，命令苏军不准进入德国，前苏联空军也不准进入德军境内活动九十公里以外，并且他们时刻与德国外交部保持着联系，希望日本能够出面进行调和，而不是想着通过战斗解决。

希特勒下令，陆军元帅包克率领他的中央集团军群，主要负责包围和消灭白俄罗斯的苏军，德军准备分两路向前纵深：在北面的一路德军，从东普鲁士的苏伐乌基地带出发；在南面的德军从布勒斯特——里托夫斯克地区出发，经过普里皮亚特沼地边缘的北侧向前挺进。

由 2 个步兵师组成的第 9 集团军，由施特劳斯指挥的，以及由 3 个摩托化兵师和 4 个装甲师组成的第 3 装甲集群，由赫特指挥，这两个集团军组成北路部队。由 21 个步兵师组成的第 4 集团军，由克鲁格陆军元帅指挥和由一个骑兵师、三个摩托化兵师和五个装甲师组成的第 2 装甲集群，由古德里安指挥，组成南路部队。

赫特率领的装甲集团军群由两个装甲军组成。古德里安率领的装甲集团军群由三个装甲军组成。这两个装甲集团军群都是由步兵集团军来指挥。

希特勒分给中央集团军群的任务，很快就完成了，中央集团军群不仅消灭了白俄罗斯地区上的苏军，同时也俘获苏军六十万人，并摧毁和缴纳五千多辆的坦克。中央集团军向前挺进了五百多千米，一直推到斯摩棱斯克，超过了德维纳——第聂伯河一带，目前距莫斯科只有三百多千米。

希特勒部署的这些军事力量，都集中在前苏联边境地区，与莫斯科相近的地方。此时，在前苏联境内，前苏联的军民联合了许多其他的反抗纳粹的组织，一起加入到消灭纳粹分子的战斗中，共同奔赴战场，保卫身后的祖国。

7月3日，德军的统帅开始念叨着，对俄战斗胜利在即，我们又将迎来一个胜利的曙光。虽然德军胜利在望，但是到9月份的时候，在列宁格勒地区到黑海两地的前方战线，苏军仍然在两地部署了二十多个集团军群。

对于纳粹统治者希特勒来说一个小小的胜利都是比较高兴的，这也证明了他实施闪电计划的又一个胜利。他将军队分成三路向苏联全境推进的"巴巴罗萨"计划，他的这种作战方式在战争的初期被证明是可行的。

这一次，德军没有上次那么幸运了。前苏联方面对这突如其来的战争，早有准备。当战争爆发的时候，苏军联合前苏联人民一起进行保卫前苏联的伟大的卫国战争，并成立了国防委员会，共同抗击敌人，争取战争的胜利。

斯大林于1941年7月初发表了广播演说，向全体人民宣布了这次反法西斯的目的：我们不仅要摆脱目前苏联所面对的困境，也要帮助欧洲各国人民在德国法西斯的压迫下争取解放。于是他号召前苏联全体人员紧急行动，共同反抗德国的法西斯斗争，与他们进行顽强的抵抗。

二战浪漫曲

与此，柳德米拉的第25步兵师为了进行战前的最后动员，大家集合在一起听斯大林的广播演说，听到"我们要消灭法西斯，我们要和平，要使全世界人民获得解放"时，全体官兵都站了起来，一起喊"我们消灭法西斯，我们要和平。"柳德米拉从来没有感觉到自己的责任有多重，这次她是真正地感觉到了，要为自己的祖国而战，要为全世界和平而战。

前苏联方面在进行战争动员的时候，德军方面也在观察前苏联的军事动向和军事实力，希特勒时时刻刻都在准备一举拿下前苏联。但是前苏联所反馈来的军事实力却超出了德国的预想。

在这次战争结束之后，德国的勃鲁门特里特将军写道："在这次争夺明斯克的战役中，俄罗斯所表现出来的勇气和波兰军队以及西方联盟军是截然不同的。俄国军队虽然遭到了敌军的包围，但是他们没有被吓到，他们坚守阵地，顽强抗战。"这段话表现出苏联军民奋勇杀敌的精神，也深刻地揭示了万恶的纳粹者是不得人心的。

希特勒怎么也没有想到，苏联军队的人数是非常的多，武器也是非常的好。同时，德国的情报部门对苏联新的师团不断地投入到战斗中的这个情况是毫无察觉的。8月初的时候，德军的作战总指挥部曾在回忆录中写道，"现在已经很清楚，我们错误地估计了前苏联的经济力量和运输力量，最重要的是他们的军事实力比我们想像的要强的多。刚开始我们估计敌人也就有200师左右，而现在已经很明确了敌人最少得有接近400个师。"目前苏联的陆军、海军和空军这三军的总数已经达到了五百多万人。

在这次作战中，古德里安和勃鲁门特里特等将军在报告中指出，当他们碰到前苏联首次使用的新型坦克时，都非常惊讶。

在这之前，他们对这种T－34坦克一无所知。这种坦克的特点是装甲很厚，他们的反坦克炮弹打到上面一点儿作用都没有，苏军的坦克毫发无损。后来，大家认为这种坦克的出现标志着"坦克恐怖"的开始。

战争一开始，德军占有一定的优势，尤其是在用空军作战来保护地面部队以及在前线进行侦察，但是现在德军已经不能使用这样的优势来占前苏联的便宜。虽然在战争刚刚爆发时，苏军的战斗机遭到了严重的损失，但是前苏联的战斗机和一些新的师团一样，不断地出现在战场上，进行坚决抵抗，给德军的进攻带来了一定的威胁。

7月末，关于进攻的主要方向的问题德军最高统帅之间有了严重的分歧。陆军总司令部令部勃劳希契和哈尔德认为全力进攻莫斯科，而希特勒却不同意他们的观点。乌克兰是盛产粮食和工业的国家，高加索是盛产油田的地方，能够占领这两个地方，是希特勒梦寐以求的。同时，希特勒向外宣布，他找到了一个很好的机会对付敌人。

另外，希特勒希望攻下列宁格勒后在北面与芬兰军队会师。希特勒为了实现他的这两个目的开始准备了，他想要从中央集团军分出两个师，步兵师和装甲师，并分别调往北路和南路。进攻莫斯科可以缓一缓。8月下旬，德国的陆军元帅和将领不赞成希特勒的主张的人，希特勒对他们都进行了严厉的批评。

希特勒在一项"反备忘录"上写出，指出他们是"迂腐不堪、脑袋过时"的人。

希特勒的参谋在日记中也大发牢骚："无法忍受！闻所未闻！"陆军元帅冯·勃劳希契同参谋长一起探讨有关希特勒对他们司令部和参谋部的事情进行干扰的事宜，经过长时间的讨论，参谋长认为，他和陆军总司令应该辞去职务。

勃劳希契却不同意，这个作战参谋愤恨地写道，"他认为这是不实际的，也是无法挽回的。"这位陆军元帅，胆小怕事，他和以前一样，向他的"元首"希特勒屈服了。

德军的"中央"集团军群同"南方"集团军群于 1941 年 8 月 20 日开始大举推进，几乎成为一条直线，两军相距将近 500 公里，直线中心距离后方大约也是 500 公里，德军的进攻几乎成为一个三角形，而苏军是西南方面军恰好处于这个三角形地区。

希特勒紧紧抓住了这个机会，就在 8 月下旬的一天，颁布了第 35 号指令，他命令德军尽快占领克里米亚和顿涅茨盆地的工业区，以此用来阻截俄国运往高加索的石油这条线路。

同时还要求古德里安率军歼灭苏军第 5 集团军，之后，古德里安就签署了作战命令，他将他的第二装甲集团军群分为两个部分，第一部分由第四十七摩托化军充当左翼，第二部分由第七十四摩托化军充当右翼，两军共同向南进攻。

俄国通往高加索的石油供应线是一段非常有价值的供应线，柳德米拉的部队则奉命保护这里。这是她第一次接受狙击任务，她很快找到一个隐蔽的位置，然后进行很好的埋伏，等待着目标。事实上，这种等待是漫长而又让人难以忍受的，柳德米拉感到了恐惧和紧张，她立刻让自己保持镇静，消除任何不好的杂念。

目标终于出现了，在这里射击和射击俱乐部里的射击是有所不同的，因为，在这里的一枪将是射向真正的人的生命，也将意味着杀人。柳德米拉告诉自己，这是在战场上，他们是我的敌人，我是在为了我的国家而战。枪一响，柳德米拉便从瞄准镜中看到了鲜血飞溅的画面，她成功地击中了敌人。接着，又一个目标出现了，此时的柳德米拉已经没有丝毫的恐惧了，她毫不犹豫地向目标射击。就在这次任务中，她击毙了两个希特勒匪徒。她成了一个真正的狙击手，从此开始了她的狙击生涯。

其计划是德军的南方集团军群呈递上来的，他们建议原来属于中央集团军群的第二装甲集团群和第二集团军，应该采用的战术是，南北夹击，这样便能将基辅地区的苏军进行合围，然后将其消灭。

为了合围能够取得成功，德军采取了有效的政策，下令让第17集团军强行渡过第聂伯河，命令第一装甲集群时刻准备进攻，并在发动进攻的同时快速地突入苏军阵地的后面。第二装甲集群开始向南进攻，与第一装甲集群在基辅汇合，并在基辅的后侧进行合围敌人的进攻。

八月末，由第十一军、第五十二军所组成的德军第十七集团军，德在国空军的配合下，强渡第聂伯河，并在可列缅楚格占领阵地，建立桥头堡。目前，德军在基辅对苏军进行合围的趋势已经基本形成。

前苏联面对如此严峻的情况下，由于领导层决策上的失误却帮了德军一个大忙。在八月末的时候，苏军就已经开始对德军的动向有所察觉。但是，苏军参谋长并没有采取反击措施，而是命令苏军在西南方面的军队停止撤退，立刻返回原地，不管付出什么样的代价都得坚守住苏拉河、第聂伯河和斯纳河防线，向东撤离的物资，在顿涅茨工业区，应该马上返回西部地区。

与此同时，苏军总参谋长下达命令，让大量的军队从前苏联各地调往这里，动员所有的力量挖掘防御工事。军队将要坚守住杰斯纳河和第聂伯河之间的突出部分的地区，基辅这个地方正是苏联国家一个有着悠久的历史的城市，也正是位于突出部分的顶端。

9月1日，德军的第27集团军攻克了苏联军队在克列缅楚格附近的反抗，并在那里建立桥头堡阵地。这是，德军南方集团军群司令部根据目前的形势作了分析：

在他们看来，在西南方面的苏军第5、26和38集团军的指挥依然是井井有条、顽强抵抗。由于第二集团军的进逼，杰斯纳河以西的红军开始对第聂伯河桥头堡集团军的北翼增加压力。

另外，由于苏军坚守基辅阵地的时间比较长，导致了第二集团军和第六集团军受到了顽强的抵抗。因此该集团军的目的就是把在杰斯纳河下游的敌军牵制住。

陆军总司令部在对进攻莫斯科上很是担心，他们怕这个计划会破灭，对于此事，冯·伦德施态特元帅能够理解这件事情。尽管如此，他仍然认为应该先要进行基辅战役，能够确保侧翼在没有受到进攻的情况下继续攻击莫斯科。

9月4日这天，冯·伦德施态特在第17集团军建立的一个桥头堡后下达了命令，命令该集团军立刻发动进攻，越过米尔戈罗德——卢布内一线，并同时命令第1装甲集群推进克斯诺格勒——波尔塔瓦一线。就这样，南方集团军的司令官使陆军总司令的布置成为现实。

由于考虑到中央集团军群和北方集团军群始终处于危机中，陆军总司令便有些犹豫不决。直到大量的苏军投入到第聂伯河和杰斯纳河一线的时候，陆军总司令部才看清当前的局势，并承担了这次作战的总指挥权。

基辅会战是第二次世界大战中一个非常典型的歼灭战。这时候基辅会战正式拉开帷幕，参加会战的各个集团军已经准备就绪。前苏联的七个集团军和德军的两个装甲集群、三个步兵集团军的大部分兵力以及第四航空队，展开了争夺乌克兰的战役。

乌克兰的首都基辅位于杰斯纳河和第聂伯河的交汇处及附近。第聂伯河与杰斯纳河之间有一个一个大的S形。德军的首要目标就是占领基辅，并在第聂伯河与杰斯纳河之间的 S 形处，对步琼尼元帅率领的苏西南集团军群进行围歼。

德军在 9 月 7 日已经到达谢伊姆河南岸。

而苏军第 5 集团军总司令部发现，德军装甲部队已经距离他们很近了，波塔波夫少将急忙向布琼尼元帅发出恳求，希望在德军没有切断这条公路之前，让他的集团军能够迅速向东撤离，避免被围歼的命运。布琼尼元帅是一位老勇士，即使在国内战争时期他也不会撤退的，但是现在，他认识到了目前的局势，他的军队正面临着威胁，很快，他同意了波塔波夫少将的要求。

就在苏军即将撤离的时候，莫斯科大本营内进行了干预。莫斯科方面传来命令，不准任何部队向后撤离，违者军法处置，并且命令第二十一集团军和在德国方面第三装甲师归属于布琼尼元帅，并由他指挥这些部队继续作战，抵抗德军前进的脚步。

在莫斯科方面看来，这样的布置就会使布琼尼有了很多时间，去阻止古德里安的部队的推进。此时，莫斯科方面对布琼尼的撤退建议并不是很理解，他们认为这位老将军胆怯了，渐渐地对这位老将军失去了信任，没过几天时间，布琼尼的职务就被罢免。

苏军从杰斯纳河南岸撤离以后，并于 9 月 8 日在切尔尼戈夫——涅任铁路线上开始设防。由于目前切尔戈夫城在北面的支撑点在苏军手上，所以苏军在防御时应该同时在三个方面进行防御。

在北边进行防御的苏军有第 62、200、232 步兵师，目前他们已经抵达那里，并且与第 17 步兵师建立了一定的联系。这样，在东南方的切尔尼戈夫和第五集团军主力之间便有了一条联系的通道。

而苏军到目前为止，都没有注意到围歼战已经向他们逼近。他们为

二战浪漫曲

了坚守住基辅，可以付出很大的代价。因此，为了加强他们的防线，又从别处调来了大批的部队。

由于德军第98步兵师位于杰斯纳河西岸，所以他们的处境因此改变了。该师所辖的几个团开始向北进攻，很快攻下了斯莫利诺。苏军大部分部队都被德军的第98步兵师打退回来，并与从北向南进攻的第17步兵师汇合，包围苏军进行夹攻方式袭击。

在以后的几天时间内，德军在一次小型的合围中将这里的苏军部队全部歼灭了。

9月11日，从北向南进攻的第二集团军和从西向东的第六集团军在预定的第二个地点汇合。同时，第六集团军渡过了杰斯纳河和第聂伯河，使得为了能够在基辅会战中取胜，赢取了大量的自由时间。

艰苦的奋战持续了两个多星期，第2集团军开始向杰斯纳河挺进，准备强行通过该河。在9月14日，苏军对左翼实施的反冲击很快就被坦克第2军群击退了，之后，先前部队迅速到达罗姆内地域。

此时德军在第聂伯河附近发动了正面攻击，同时还派出坦克第1集群、第2集群进行对进进攻，达到包围的目的。德军坦克第1集群联合第17集团军，在9月10日，突然发动进攻，并在16日与坦克第2集群在洛赫维察地域进行汇合。

前苏联人民奋勇抗战的精神似乎感动了冥冥中的主宰，天空乌云压城，没过多久，大雨倾盆而落，很大程度上延缓了德军前进速度，使得德军的装甲部队在泥泞的道路只能缓缓得前行。第17集团军为掩护进攻军队右翼，以自己的右翼开始向波尔塔尔塔瓦推进，不过随后便将重兵转向西北。关于这次进攻，对基辅两侧进行突击的是渡过第聂伯河的第6集团军，而第2集团军继续向南挺进，这时，位于基辅、切尔卡瑟、洛赫维察三角地区的苏军遭受到来自四面的压缩。

此时，德军2个坦克集群在激烈的战斗中阻住了苏军从东面为被围军队的企图，并以重兵锲入俄军各个被围困的集团军，将其瓦解。

苏军的第5、第21、第26、第38等集团军被德军包围并遭到了德军的攻击。布琼尼率领的军队一直被困在一个袋形的阵地中，他们虽然没有燃料和弹药，但是仍然进行着顽强的抵抗。他们每个人都拿起了自己的刺刀，对准德军的大炮、坦克以及机枪进行猛攻，想要以此突围，能够向东撤退。

此时，在整个战场上，传出了斯大林的让人为之振奋的讲话。苏军虽然已经被围困在阵地上，但是他们为了保卫自己的祖国以及维护红军战士的尊严，顽强抵抗，誓死拼搏，尽管他们的弹药已经消耗完，但他们用自己的牙齿、拳头和靴子等与德军进行拼命。

再顽强的血肉之躯也提档不了敌人无情的炮弹，苏军在德军扫射、炮击下牺牲了很多士兵，最后只有很少的人逃出来，部队的大部分主力仍然被困在德军的包围圈中。

第2和第4航空队已经不断出动，对陆军进行了支援。转眼间，十天的时间过去了，被包围在包围圈里的庞大的苏军被德军分割成了很多部分，根本无法再形成有效得反击，要么被歼灭，要么被俘虏。

柳德米拉所在的连队也在为大部队作掩护，所有的狙击手都被分配到各个重要关卡，狙击手们隐藏在隐秘之处，等待敌军头目的出现。柳德米拉所在的位置是德军主力部队必经之路，她的任务是击毙德军作战参谋。此时，柳德米拉潜伏在草丛里，她非常镇定地等待，没有焦急和无奈，因为她知道身后的祖国在看着她，为了祖国，为了人民，她要成功地完成任务。

远处传来车轮的响动，这种声音越来越近。柳德米拉知道目标快出现了，柳德米拉正了一下自己的姿势，方便射击。每次当目标出现之前，柳德米拉都心无杂念，心里只有任务。德军的主力部队已经出现在眼前，走在队伍右侧的第二个人就是柳德米拉的目标。柳德米拉这位女狙击手，瞄准了敌人的头部，扣上了扳机，瞬间目标倒在地上，敌人惊慌了，四处寻找，这时柳德米拉已悄然撤退了。

基辅会战中，苏军最大的胜利有可能就是击毙德军的作战参谋。很快德军的第6集团军攻下了基辅城，同时，德军的第46装甲军于9月20日赶到了战场，并很快投入到战争中。虽然在这个时刻苏军也不断地投入生力军作战，来协助被困的苏军能够突围成功，但是，都被德军打退了回来。

到了9月26日，交战结束。苏军损失很大，他的第三十八、第四十集团军遭到重创，其中第五集团军司令波塔波夫等60多万人被俘获。而第二十一、第二十六、第三十七等集团军的大部分被歼灭，对前苏联而言，更不幸的是，连一些重要人员也都牺牲在战场上，包括西南方面军的司令员基尔波诺斯、政委布尔米什坚科等人。此时，德军最高统帅部向外界发布消息，宣称他们俘获了60多万人、3000多门火炮以及800多辆坦克。

这场卫国战役打得非常不易，苏军方面在面对来势汹涌的德军，在一些战略决策方面也有很得失误。

这样，9月19日，基辅东部会战的消息被传播开来，不过，这则消息与会战实际发生的时间差距甚远，当时会战实际上已经快要结束。这一次，作为建制军团的苏军"西南方面军"已经名存实亡。这次的会战可以说是史无前例的，这样大规模的包围以致在第二次世界大战后都没有再出现过。

事实上，在德军合围基辅的时候，苏军的总参谋长朱可夫就曾让斯大林放弃坚守基辅，尽力保护莫斯科。但斯大林却说："这简直是在胡说，我们不可能放弃基辅给敌人。"

朱可夫也忍不住说道："你要是认为我这个总参谋长是在胡说的话，那么这里就不需要我了，我请求你免去我的职务，将我派到前线上去。"

这次事情过后，斯大林将朱可夫的总参谋长的职务免去了，然后让他去前线担任预备队的司令员。此时，在南战区的苏军司令布琼尼也感觉到他们的处境十分危险，也曾要求斯大林同意，允许他们在基辅的东面撤退，但也遭到斯大林放入回绝。

后来，斯大林还觉得老将军布琼尼消极避战，不能够胜任西南战区司令员，所以就将他免去职务，由西方战区的司令铁木辛哥元帅接替，并由他指挥作战。

随后，西南方面军的司令员基尔波诺斯考虑到要保存苏军的有生力量，不顾个人的安危，命令他的部队全部撤退，然而，苏军的最高统帅部却不同意这个命令，将其命令取消。

直到多天之后，苏军看到他们所处的环境不是很乐观，于是总参谋长沙波什尼科夫决定将苏军部队脱离德军部队，向东撤离。可是，时间上已经来不及了。此时，克莱斯特和古德里安这两支装甲劲旅已经在苏军认识到危险的前一天，在基辅以东的罗赫维策这个地方会师完毕，切断了苏军在舌形地带中的退路。

希特勒在基辅会战取得了大胜利，在他看来，这是一次"世界上史无前例的最大战役"。虽然他们在基辅会战中胜利了，但是一些将领们对于它的战略上的意义却产生了怀疑。

基辅战役的成功对德国而言，是一次杰出的包围战役，无论是在战术上还是战略上都是一次有准备的、有目标的成功的战役。这次战役采用的策略是，先使南翼在不受苏军威胁的情况下，进攻莫斯科，并且占领了富饶的乌克兰和顿涅茨盆地。会战虽然成功，但也有很多不足之处，尤其是希特勒夸大了自己的作战速度，在冬天没有为战士们准备冬季服装。

　　中路作战的集团军，在没有配有装甲部队，再加上秋天的雨水多，前苏联的道路泥泞的情况下，整整2个月按兵不动，停在斯摩棱斯克附近的杰斯纳河一带。紧接着，冬天如期而至，德军的衰败由此而开始，因为德军的士兵们在服装上一点准备都没有，根本无法抵御那里严寒的气候。

　　在北路方面，希特勒下令由冯·李勃元帅指挥的部队快速向列宁格勒进攻，并将其占领。

　　这次作战希特勒虽然取得了胜利，但是比预期的作战时间要长得多，同时，作战期间也失去了很多人力、物力，从这一点上不难看出，希特勒的战役的胜利并没有多大的意义。前苏联在这场战役中虽然输给了德国，但却赢得了整个战争的胜利。

　　在9月初，希特勒曾狂妄地宣布，他要占领列宁格勒，并且将这个城市迅速地消灭掉。

　　前苏联第二大城市列宁格勒是十月革命的摇篮，是重要的海港和工业、文化的中心，人口有数百万。这里作为前苏联的重要城镇，当然不能就这么让德国占领，苏军的领导人号召整个前苏联人民一起加入到包围列宁格勒的战斗中，彻底粉碎希特勒的美梦。

　　稍微修整的德军继续向前推进，没过多久，德国军队就占领了列宁格勒东南方向的几个领地，他们企图向东围剿列宁格勒，之后，向拉多加湖进攻。当德国军队到达拉多加湖南岸时，迅速攻占了什利谢尔堡，进而封锁了列宁格勒在陆上的军队。

从此以后，苏联军队与德国军队打响了这场战争，也说明苏军红军保卫家园的战争正式开始了。

希特勒命令军队不断进攻，并且派空军不停地进行空袭，哈德尔也使他带领的军队疯狂地发动进攻，全城都已他们要把列宁格勒这个地方彻底消灭掉。而与此同时，列宁格勒也陷入了极其困难的境界，经被德军封锁了，陆上没有一条出路，现在只剩下了拉多加湖没有被封锁，也就只有通过这条湖，列宁格勒的军民才能到达内地。

为了保护被困的军民，斯大林和苏共中央派人给列宁格勒的军民们送来粮食等用品，但这解决不了关键性的问题，列宁格勒的军民仍然现在困境中。

很快，列宁格勒的人民坚持不住了，缺粮断水，使他们处于饥饿当中。最为严重的是，老人和儿童，他们的抵抗力太弱了。

虽然这样，列宁格勒的人民没有惧怕希特勒的进攻和威胁，他们忍着饥饿，继续与德军抗衡，他们坚强的斗志让人佩服。同时，他们也在全城内部加强了防御措施，来抵抗敌人的进攻。

列宁格勒的工人们也继续他们的生产，所有的居民也都坚强的参加战斗，为抵抗德军的进攻，他们筑起了一道钢铁般的长城。无论德军怎样进攻，这道钢铁长城都牢牢地保护这列宁格勒，德军一直都没能攻入这座顽强抵抗的英雄城市。

希特勒本以为能以最快的速度攻下列宁格勒，然后将所有的军队撤回东北方向，再继续进攻莫斯科，可是他怎么也没想到，列宁格勒的抵

二战浪漫曲

抗会如此的顽强，不管德军怎样发动进攻，列宁格勒的军民就是坚决抵抗，不给德军任何乘虚而入的机会。希特勒的愿望没有实现，他不得不暂时放弃攻打列宁格勒，把矛头指向莫斯科。

10月初，希特勒在德国宣布了，前苏联即将被瓦解这一讲话，希特勒得意地说："我们打败了东方的敌人，使他们再也不能与我们作战了……现在我们拥有了广阔的领土，相当于我们在1933年时的两倍，我们的帝国会更加强大起来。"

几天之后，德国在付出巨大伤亡的情况下攻下了莫斯科的南方重镇奥勒尔，得意忘形的希特勒马上命新闻发布员奥托·狄特里希前往柏林。不久之后，奥托·狄特通过新闻报道者散布了这一消息，并且还宣布：在德国设下的包围圈中还有莫斯科最后的一支军队，他们没有任何机会逃脱；在南方作战由布琼尼元帅带领的军队已经被德军打垮；由伏罗希洛夫元帅带领的部队也被困在了列宁格勒，没有突围的可能。现在，德国取得了重大的胜利。

最后，凭借各种军事意义来看，狄特里希还扬言，"苏俄已经被我们打垮，我们没有犯两线作战的错误。"

希特勒和狄特里希显然过于自信，低估了前苏联人民。因为他们不了解前苏联人民的心目中只有消灭万恶的纳粹匪徒，生死对他们来说，已无足轻重，保卫伟大的祖国是他们唯一的使命，而且前苏联还有一批优秀的战士，还有一批像柳德米拉那样的巾帼英雄。

"基辅歼击战"对希特勒来说是一次伟大的胜利，当他还沉浸于基辅会战的胜利之中时，苏军已经悄悄地设置好了两道坚固的防线，让德军没有想到的是莫斯科即将走入冬天了。然而德军方面仍在在积极部署，打算在莫斯科来一个大胜仗。

德军一直将莫斯科看成具有战略重要意义的城市，无论在军事上还是在政治上。因此，德军首先采用突击战略，他们使用各种坦克来对苏军的防御进行突击，并在布良斯克和维亚济马两地包围苏军的预备队方面军、布良斯克方面军以及西方面军，以此达到全部歼灭的目的，之后，在南、北两面围攻莫斯科，当步兵在正面进行攻击时，将前苏联首都攻下。为了这次歼灭的成功，德军将全部主力集中在斯摩棱斯克东面的"中央"集团军群地带。

1941 年 9 月底，希特勒制造的"台风"开始逼近莫斯科了，这次中央集团军群集中了 70 多个师，共有近 200 万人，并配有 1000 多架飞机、10000 多门大炮以及 1000 多辆的强击火炮和坦克。从南冀叩开了通向莫斯科的大门。

在 10 月初的时候，德军打了几次胜仗，德军在维亚兹马和勃良斯克之间将苏军的两支部队包围，并将其歼灭，德军向外宣布他们俘获苏军 60 多万人，并缴获了 1000 多辆坦克以及 5000 多门大炮。德军不仅在人员上占有一定的优势，同时在武器的质量上也有很大的优势，在当时作战中，苏军的飞机以及坦克大部分都是旧式的，而德军在作战中投入了新型的坦克、摩托化步兵、航空兵等。

但是，纳粹独裁者希特勒总会出现狂妄、自大的毛病，他认为在没有进入寒冬时，拿下前苏联首都是远远不能满足他的意愿的。于是，他命令在北路作战的陆军元帅冯·李勃在同一时刻攻下列宁格勒，并与芬兰军队进行汇合，之后继续向前挺进，把摩尔曼斯克铁路的线路切断。

与此同时，希特勒命令伦斯德元帅，将黑海沿岸的敌人扫清，占领罗斯托夫并夺下迈高普油田，挺进伏尔加河，向斯大林格勒进攻，阻止斯大林与高加索地区之间建立的联系。伦斯德曾对希特勒说，如果这样做，我军将要越过第聂伯河并向前展开大范围的进军，会致使我们队伍的左翼将暴露在敌人面前。

希特勒分析南路方面的苏军不会反抗了，但伦斯德仍然对这个命令持怀疑态度，并且觉得很荒谬。但不久之后，事情的发展与希特勒的估计是截然不同的。

德军的这次进攻路线是沿着拿破仑进军莫斯科的路线前进的。刚开始，他们的进攻猛烈，就像一股没有料到的台风。在维亚兹马和勃良斯克之间的苏军于 10 月的上半月遭到了德军的包围，并损失惨重。等到 10 月 20 日时，德军的装甲部队已经进入莫斯科的领地，离莫斯科城市仅有四十多千米。

德国纳粹的将领们认为，在这种有利的时机下再加上希特勒的领导，在寒冬到来之前是能够攻下莫斯科的。并且在柏林纳粹广播电台上已经传出来，已经安排好进攻莫斯科的仪式。

希特勒骑着马从波克隆山向莫斯科方向走进。文武高级官员的手套以及礼服都已经做好了。

这一年的冬天，似乎隆隆的枪炮声，因为遍地鲜血而来得特别的早，10 月 6 日就下起了大雪，连日的大雨大雪，使本来坎坷的道路变得泥泞不堪，气温也急剧下降，德国的士兵们由于没有冬衣送到而开始出现了严重的冻伤，枪炮也冻得不好使了。

德国的士兵们在前方一直遭受苏军的顽强的抵抗，后面是很大一片的沼泽地带，德军的运输车队在这里常常遭到前苏联游击队的埋伏。这时，法西斯军队便陷入了绝望的地步，他们开始犹豫。

勃鲁门特里特曾回忆说道，德国纳粹者们，经常会在梦中做到，拿破仑曾在同一条路上向莫斯科进攻时，全军覆灭的惨状。

此时，在南方，虽然天气相对北方来说暖和些，但是雨水多，道路泥泞不堪，南方战事进展得也不是很顺利。在 11 月下旬，克莱施特的坦克已经进入到顿河口的罗斯托夫。此时戈培尔命令他的宣传乐队，大肆宣扬"高加索的大门已经被打开了"。

但实际上，这样的日子没过几天。伦斯德和克莱施特两个人都认为，罗斯托夫守不住这个城市。仅五天的时间，这个城市就被前苏联红军夺了回去。德国军队南、北两翼遭到苏军的夹击，只好仓皇地向后撤退，撤退到米乌斯河一线。

这次的撤退，不仅是德国第一次遭到重大挫折，而且也是在希特勒侵略苏联上的一个小的转折点。后来古德里安也曾说过，"罗斯托夫给我们带来了第一次灾难，也将意味着危机的来临。"也因为这件事，德国陆军的高级将领伦斯德元帅的官职被罢免。

就在伦斯德撤退到米乌斯河近旁时，希特勒也立刻指示："原地待命，不许在向后撤退。"而伦斯德回复说："要坚守住是不可能的事，部队不但不会坚守住，如果不撤退，就会遭到敌人的歼灭。所以，我请求将命令撤销，要不然就派别人接替我。"没到晚上，希特勒就回复了："同意请求，尽快交出指挥权。"就这样伦斯德也被免官了。

在行进的路上，部队越来越缓慢，甚至有时不得不停下来停止向前。同时，由于道路泥泞，大炮和弹药车等都陷入了泥坑里，作战的坦克只好停下来去拖拽。然而，由于没有拖拽车辆的挽钩和钢铁等，就只能借助空军的运输机投放绳子，这样，耽误了飞机给作战地区运送军需品等物资的时间。

在 10 月中旬开始下雨，古德里安曾在回忆时说道："不会有多长时间，我们就要听从烂泥的安排了。"勃鲁门特里特将军曾生动地叙述了当时的情景："步兵陷入泥潭中，大炮也得用很多马车拉才能够向前。车身一直到车轴部分全部陷于泥中。牵引机都无法启动了。没过几天，有大部分的重炮弹就不能动弹了……在这样的情况下，使已经处于疲惫不堪的军队更是一再紧张起来，这是显而易见的。"

1941 年的冬天，大雪开始席卷整个前苏联的每一片土地，气温很快就降到零度以下。古德里安在他的战斗日记中曾记载到，第一场雪是在 10 月初晚上下的，这一时刻也正是再次对莫斯科发动进攻。由于这样的天气的影响，德军是很需要冬衣，他们向大本营再次发出了提醒。

古德里安的回忆录中，在 10 月 12 日记载，雪仍然在下，到了 11 月 3 日，寒潮来到，气温仍在零下继续下降。等到 11 月 7 日时，古德里安说已经发现了士兵有冻伤了的。过了一个星期，气温已经降到零下 10 度左右，士兵越来越需要冬天的衣服了。作战武器也和人一样受到了寒流的影响。

表面上，莫斯科已经尽在咫尺，随时可以攻下。

在柏林指挥作战的希特勒，看到这样形势，很是高兴，他不禁说道："太棒了，太棒了!——立刻给三军的将士下令，不管付出什么样的代价，都要攻下莫斯科，活捉斯大林!"能够攻下莫斯科，消灭苏军共产主义，这是希特勒的愿望，所以他是非常高兴的。

希特勒的不管付出什么样的代价的指令一下达，德军遭到了很大的损失，值得庆幸的是取得了一些进展。直到 11 月底，气温虽然骤冷，但是德军在西、南、北三个方面已经到达了离前苏联首都仅仅几十千米的地方。

所以，在希特勒看来，剩下的路程已经不算什么了。他的军队能够一直前进 500 多英里，现在只需再向前 20 多英里就足够了。在 11 月中旬，希特勒对约德尔说道，"再努力些，我们马上就能够胜利了。"陆军元帅冯·包克率领部队进攻莫斯科，争取做最后的努力。

于是希特勒调集了德军最强的坦克部队向莫斯科发起猛烈的进攻，到了12月初，德军的一个侦察营攻入莫斯科城郊的希姆基，顶端就是克里姆林宫，然而，在第二天这个侦察营就被苏军的坦克以及在市区组织的工人队伍打退回来。

在这关键时刻，国防委员的首领斯大林决定将莫斯科附近的德军一举歼灭，于是果断地采取了防御措施，以此削弱德军的有生力量，为后面的战争赢得了大量的时间，准备后备力量。再根据有利的时机，反击敌人，致使德军达到歼灭性的破坏。

很快，斯大林下令，建立起加里宁方面军，在莫斯科的西北方向袭击敌人。过了二天，国防委员会开始号召莫斯科的人民，不管付出什么样的代价，一定要配合前苏联红军，顽强抗战，保卫莫斯科。

莫斯科的冬天是非常可怕的，苏军的第25师的狙击连队还在发挥应有的作用，即使满山大雪，他们仍在执行狙击任务，这样严寒的冬天，匍匐在一尺多厚的雪地上，那种让人无法想像的冷，每次柳德米拉执行任务以后，都动弹不得，都是他的战友把她拖回营地的。

每次当狙击手完成任务后，他们都会有短暂的休息，休息期间他们擦拭着自己的枪支，渐渐地，等到寒光消退，在心灵深处才上升一股温情浮上他们的眼角。为了能回到那平静，平静的生活，只有消灭敌人。然而真正的莫斯科保卫战打响了。

之后，在《真理报》上发表《阻止敌人向莫斯科前进》时，要求到，必须在敌人没有到达莫斯科时，用自己的生命去抵抗敌人的进攻，将其敌人歼灭。莫斯科党委也召开了全市大会，组织人民坚决抵抗，将莫斯科变成永不攻破的堡垒。

全市的人民在三天内共组织了几十个工人营，民兵师已经达到了十多万人，巷战小组有一百多个以及组成了数百个摧毁坦克班。此时，全市已经有四十多万人加入到修筑防御工事的任务中，而大部分都是妇女。莫斯科的人民不怕困难，他们整天整夜的奋战，想要与他们的敌人进行拼死的决斗。

11月份时，苏军已经在莫斯科附近，共修筑成了三百多千米长的防御坦克进攻的障碍物，二百多千米长的防御步兵进攻的障碍物，并且设立了很多的发射点。另外，在各个地方都放满了炸药以及障碍器材等。

为了修筑防御工事，首都人民尤其是大部分的妇女参加了这次防御修筑，因此劳动人民与军队在莫斯科相近的地方继续构筑新的防御战线。

当地居民也在自己的街道上构筑防御战线，也包括克里姆林宫附近一带，莫斯科人民不断地组织民兵师，让全城都在时刻地做着准备。苏联政府撤退到东面的古比雪夫，而斯大林继续待在莫斯科。

为了军队以及民众的士气能够迅速地提高起来，在11月7日时，斯大林举行了纪念十月革命的阅兵仪式。

三天后，布良斯克方面军已经撤销。各方面军接到命令后，坚守住占领的地带，不让敌人在西北和西南两方面有机可乘，攻向莫斯科。

在这次的保卫战中，莫斯科人民面对敌人毫不畏惧，誓死抵抗，与德军抗战到底。并且他们豪迈地说道，我们要为列宁而战斗，不会让敌人肮脏的双手玷污到他的陵墓。

对于德国士兵来说，莫斯科的冬天是无比可怕的，他们急切地需要冬衣来御寒，但是希特勒为了尽快让战争结束，却毅然颁布了禁止准备冬衣的命令。

莫斯科的气温在 12 月初的时候已经达到了零下三十多度，在没有冬衣的情况下，德国法西斯的军队遭到了很大的困难。

曾在 11 月末时，古德里就告诉了哈尔德，说他的部队已经坚持不下去了。之后，古德里安就去见包克，希望他能够改变他收到的命令，因为对这样的坚守他的部队做不到。但是，包克根本就没有收回命令，因为他也是在奉希特勒的命令。于是他命令再次向莫斯科进攻，仅仅前进几步之远后，部队再没有向前，进攻失败了。

在 12 月 4 日时，古德里安的第二装甲军团打算在南面进攻莫斯科，但是被苏联军队打退回来；古德里安在报告中指出，气温已经降到零下三十一度。而第二天就达到了零下三十六度。

古德里安的坦克的部队已经几乎不能动弹了。此时，他的部队的侧翼和在北面的军队，已经遭到了苏军的袭击。

这时，苏军对德军进行了顽强的抵抗。莫斯科的战役打得也越来越激烈。苏军有不断的新兵投入到战争中，并且有妇女营也投入到了作战中。莫斯科保卫者的口号是"俄罗斯再大，也不可能向后撤退，因为后面就是莫斯科！"

德军方面，由包克亲自指挥前沿部队，再次进攻莫斯科。虽然德军进攻很猛烈，但是由于天气情况恶劣，再加上苏军的顽强抵抗，德军此次进攻失败。虽然苏军已经在危险之中，但是他们仍然坚持住了，牵制敌军并消耗了德军的力量。

在 11 月下旬到 12 月 5 日之间，在莫斯科进行攻击的德军，伤亡人数已经达到十五万多人。损失掉三百门火炮、一千多架飞机以及八百多辆坦克。

对德军来说，12 月 5 日这天对于整个战争具有重要意义，苏军已经牵制了在莫斯科周围环绕的德军。到了当天的晚上，古德里安告诉包克，他的军队已经被制止住，必须向后撤退。包克立刻通知哈尔德，说道，"他已经到了穷途末路的境地了。"同时，勃劳希契也很失望地对他的总参谋长说，"免去我的陆军司令的职务吧！"这一天的来临是德国将领们的最灰暗的时刻。

这么晴朗的早晨很难让人相信前苏联刚刚经历过一场血腥、杀戮和残忍的月份。又是一年，田野、草木和原野纷纷变换着色调。似乎这一切都在告诉你，春天的到来，还有那明净无云的天空告诉你，春天已向你悄悄走来。太阳发出炽热的光芒，成群的鸟儿在空中飞舞，上万只的昆虫也出来练练嗓音。茅屋旁边的一个院子里，已经开满了五颜六色的花，在浓浓的烟雾笼罩下，像是给大地铺满了灿烂的珠宝。

柳德米拉静静地躺在床上，望着窗外的景色。在一次战役中，她不幸被炸伤。当苏军参谋长得知这个消息后，就下令，让柳德米拉在一个安静的小镇中静静休养。虽然柳德米拉来到战场的时间不长，但她的狙击战果已经达到了 300 多个敌人。这让她自己很是欣慰，但是唯一使她不满足的是，她没能够参加完这次的保卫战。

她伤势好转以后，要求继续参加战斗，但是却遭到了军部的拒绝。她休息一个月之后，坚强的柳德米拉在她参战的这段时间里，她的战果震惊了全苏军和前苏联，也震惊了全世界。作为二战的盟友去了美国进行访问，她也是第一个被罗斯福总统接见的前苏联公民。之后，柳德米拉就被留在美洲进行她的访问。当她在各个国家演讲时，也讲述了自己在战争中的狙击经历。

回到自己的国家后，柳德米拉被晋升为少校，之后，在上级的安排下，她再也没有亲身到达过前线，尽管她是那么的想再次参加战斗。紧

二战英雄的故事

接着，她又得到了苏联英雄荣誉称号和金星勋章这样至高无上的荣誉，成为人民心目中的楷模，追捧的对象。

走出战争，迎来和平的一年。战争已在人们的声讨中，退出历史的舞台。和平在人们热烈欢迎下，款款地走上来。战争带走了冰冷、残酷、冷漠、孤独。和平却带来了温暖、祥和、热情。

那又是谁迎来新年伊始的第一缕霞光，是逆风雨飞行的飞燕？是穿透云层的云雀？还是，岁月迎新辞旧岁的声声爆竹？答案是春。也只有春，也只有她才能唤醒那沉睡千年的旧梦，踏出崭新的脚印来。此时，柳德米拉就在苏联海军待命，晋升为海军上将。在这段任职期间，柳德米拉兢兢业业，放下了狙击枪的那双手，仍然没有停歇过。

人的生命如流星一闪而过，留下的是那耀眼的光芒。柳德米拉在她平静安稳的晚年生活中，走完了生命的最后一段路程，当她去世后，人们为她在莫斯科举办了隆重的葬礼，并在她的墓碑上刻上了这位伟大英雄最喜欢的诗句。

苏联政府为了纪念她，于 1976 年发行了一枚以柳德米拉为主题的邮票。画面上的柳德米拉英姿飒爽。她的勇敢也一直激励着俄罗斯人民，人民将永远记住她。

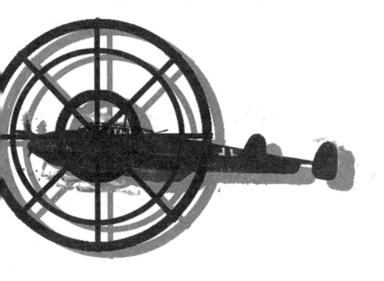

孤胆英雄撞毁敌机保王宫

孤胆英雄撞毁敌机保王宫

在二战期间，丧心病狂的希特勒并没有因为占领欧洲大部分土地而停止侵略战争，他把"欲望之手"又伸向了大不列颠。他们集中了几百架战斗机和轰炸机展开"大不列颠空战"，上级下令要求"道尼尔"轰炸机的袭击目标定为白金汉宫。就在这样紧要的关头，为了保住白金汉宫。在弹药并不充足的情况之下，空军霍姆斯准备与德军轰炸机共存亡。

雷·霍姆斯，是二战期间非常出色的飞行员，在英国皇家空军中一直是战绩卓著。并且身兼守护伦敦的使命。这次空战他为了国家的利益献出了自己宝贵的生命，使他成为英国民众心中永远的英雄。

疯狂的纳粹首领之所以发动这次空战，是经过了周密的安排与思考的，德军想穿过英吉利海峡一举将英国的力量彻底摧毁，使其没有任何反抗的能力。德军在空军实力上也要比英国方面更占优势。除了这些之外，德国在占领西欧众多国家之后，对英国呈现出了弧形的包围圈，这样德军一旦想要深入英国的空军基地，行动起来障碍非常的少，成功率非常的大。

戈林作为德国空军司令对这次进攻英国有十足的把握，他自信地对希特勒说，只用空袭就能征服英国。所以，希特勒决定先通过空军集中袭击英国，之后再实施"海狮"登陆作战计划。

德国一开始就妄想在航空兵的支援下，强行渡过英吉利海峡，但由于船只较少，需要很长时间来准备船只、再加上天气的不断变化以及后勤工作等方面都存在许多亟待解决的问题。

希特勒反复思考之后，最终采取只用空军作战来对付英国方面的防御攻势。并且对于这项计划希特勒充满信心。

为了这次作战成功，德国空军方面做了充足的准备，英国方面作战实力相对薄弱。面对这法西斯分子的猖狂、嚣张，英国人并没有退缩，上至国家的领导到下至普通的市民，所有人团结起来抵抗法西斯的侵略。"不列颠之战"在历史悠久的英国领土上展开了。

"不列颠之战"空袭整个二战战役中规模庞大的一次空战，也是人类历史上罕有的一次空中角逐，有着非常重要的历史意义。英德之战在所难免。希特勒希望在战争开始之前摸清对手情况，于是他命令德国空军在开展之前，试探一下英国皇家空军的反应。

德军在 7 月份进入了全面作战的准备阶段，此时的航空兵部队正在向不同的国家进行转场活动。前线机场需要扩建，各个部队需要重新调整和集结，无论是补充人员还是供应物资，都需要大量的时间。虽然各方面还在进行着紧张的筹备活动，但是德军并不想这样一直等下去，所以他们临时改变了一下策略，以小部分为单位先发起局部的进攻。

在 1940 年 4 月到 6 月的 3 个月的作战中，英军虽然损失了许多飞机，但很快凭借着航空业的生产能力很快就得到了恢复。德军将进攻的目标定在英国南部的港口以及一些在英吉利海峡上航行的船只，之所以将目标定位他们。德军方面有着自己的打算，德军想通过这次行动来将英军的力量削减一些，而且还要摸清英军现在的作战实力到底是怎样的。

6 月份，德国空军按照希特勒的指示，展开了一系列的试探性的活动，主要目的就是能够鼓动英军出来进行作战。德军接连发起进攻，英格兰的北部、东部等地区都遭到了德军的空袭，不仅如此，德军还对英国的军舰以及港口等发起了进攻。德军在为了能诱发英军出来作战不懈的努力着，可是结果似乎没有他们预想中的那么乐观。英国方面并未展开全面的迎战措施，而是采取了小部分的力量来应对德军的进攻。英军的船只港口等都遭遇了袭击，可是德军的损失也是非常的大，有几百架飞机都被击毁，战果也不是非常的乐观。

这所有的袭击，都只不过是暴风雨前的一些小闪电而已，真正大规模的空袭马上就要上演了。

德军的指挥部门已经开始了作战的方案制定工作，参战的部队也一同对方案进行了草拟活动。到了 8 月初，对这一方案进行了最后的修正工作。

德军战斗的气焰十分嚣张。这次德军的行动定名为"鹰袭"，不仅如此，他们还将这次行动的日子称为"鹰日"。许多德军提及此计划就非常的得意，对于这个计划他们自信满满。

接下来的几天时间里，德军上千架飞机加入了战斗，将英国空军的机场作为了首要袭击的目标之一，很快英军可用的机场有超过一半被损坏，整个英国的上空到处都是嗡嗡作响的飞机发动机的声音。战斗继续激烈的进行着，英军损失了几个机场，但是战斗机机场还保留着，这对于他们来说是非常重要的。

德国方面首先投入战斗的是第五驱逐机大队，随后几十架双引擎驱逐机也相继进入了苏格兰南岸的一些地区。

正当英军要穿越海岸线的时候，突发状况出现了，后方的飞机发出了警告："有喷气式飞机出现。"

这样的消息犹如晴天霹雳一般，德军的飞行员在获知这样的消息以后，立刻乱了手脚，他们十分清楚自己的处境：双发梅塞施米特飞机相对于喷火式飞机而言，飞行性能稍显笨拙，"喷火式"飞机的转弯半径要相对比较小，飞行起来显得更加灵活敏捷。所以考虑再三，林斯贝尔格立刻要求对作战计划进行全面的调整。

依据现在紧张的战斗局势来看，他将作战的队伍排成了一个圆形的区域，形成了防守的阵势。正当队伍的方阵正在转弯和安排的时候，英军从后面追赶上来，准备对德军的后方开始进行凶猛的袭击。

英国歼击机很快瞄准目标开火，林斯贝尔格所在的飞机动作迅速灵敏，向右倾斜很快就避开了"喷火式"飞机的攻击。他真是幸运极了，子弹就在他的身边擦过，险些就被击中，尽管"喷火式"飞机失败了，可是另外的一架德军飞机似乎就没有这么幸运，它没躲过英军的袭击，被英军死死的追堵着。

正像它的名字一样，在飞机的机翼两侧喷吐着火焰，"喷火"式飞机正在尽全力杀入德军的包围圈。飞机在水平线上飞行，能够扫射到战斗机的位置只有一瞬间，时间很短，当这样的时机到来的时候，飞机立刻用机枪进行扫射，很快德军就有几架战斗机被击中了。

德军在作战的安排中，忽视了天气的变化情况，天气给德军前进带来了非常大的阻碍，加之现在英军方面又最新研究出了一种新型的雷达装置。这样使得德军在开始进攻时就遇到了挫折。这样失败的气焰仍持续了几天，这件事情激怒了戈林。德国空军这样的战果是他远远没有预料到的，也是他容忍不了的。因为他曾经承诺过要达到的目标现在无法实现，所以他十分气愤。

德军不仅在这里遇上了麻烦，在其他方面也战绩平平，局势非常的不乐观。在东彻奇机场的轰炸行动虽然成功了，但德军的损失也不小。倒霉的事情一个接着一个，德军原本选定的下一个进攻目标是在希尔内斯港，当时英军的"旋风"式飞机紧紧追击德军的飞机，死咬住不放，德军无奈只好将这次袭击放弃，希尔内斯港才得以幸免于难。

行动受阻的德国并没有就此罢休。每当天气适宜的时候，德军就组织一轮又一轮的轰炸，在战斗机的守护下，德军的轰炸机不断的进行毁灭性的袭击，每次行动都会出动数百架飞机。德国空军一次又一次的轰击，给伦敦带来严重的灾难，希特勒叫嚷着要报复英国，对于伦敦的连番轰炸，让他十分高兴。随后，德国空军方面准备对首都进行大范围的进攻，时间定在白天，这场战斗是一场具有决定性意义的战斗机会。

纳粹飞机扔下的炸弹炸毁了伦敦很多房屋、街道，给英国人民带来严重的灾难。面对希特勒突然加强的大规模空袭，丘吉尔仍然表现得非常镇定。除了全力指挥反击外，他还经常视察被轰炸现场。灾难降临在伦敦南区，数十栋楼房瞬间变成了一堆瓦砾。丘吉尔听到爆炸声后，迅速赶到现场，面对惨不忍睹的弹坑和情绪高昂的民众，这位刚毅的男子汉不禁潸然泪下，他说："这不是悲哀的泪，而是赞叹和钦佩之泪。"当人们高呼："我们要还击！""叫他们也尝尝这种滋味！"，丘吉尔坚定的表示，他们的愿望一定会实现。

在战争的暂停期，丘吉尔不忘给英国人打气。他在 8 月 20 日向议会报告说："很显然，敌人的在数量上更占优势，可是我们生产飞机实力要远远地超过他们，而此时的美国在生产飞机方面还是刚刚起步，所以我们在轰炸机等方面经过几次战斗就显得更加的强大了。在空战方面，我们充满了信心。所以敌人可以任意与我方进行长久的战斗，最后谁会取胜，还要看谁在空中更占优势。"

面对德国空军对伦敦的轰炸，英国立即做出反应，皇家的空军开始了轰炸活动，德国的进攻遭遇了英国强有力的反击。这次战斗发生的地

二战浪漫曲

点是德国的首都柏林。

数日以来，英军一直采用夜间作战的方式，这样做主要是为了能够使德国人民感受到自己处于危险当中，炮火映红天空的感觉会让他们陷入强烈的恐慌当中，这与开始戈林给予民众的承诺形成了非常大的反差，失望的情绪迅速高涨了起来，民心被鼓动了，战斗力也会受到影响。

为了迎击敌人，这一个月以来英国飞行员每天都要出动几次，他们的身体都很疲惫。这样的恶劣局势下，道丁上将始终没有要改变这种局面的意识，在北部地区的后备军力仍然没有丝毫的变动，这让一直在疲倦中的将士和飞行员们不满情绪高涨。虽然是这样，但是他们仍然保持积极作战的态度，每架飞机每天都要出动几次，到了晚上，飞机就要及时的进行抢修，所以无论是飞行员还是飞机，都处在超负荷的工作状态之下，甚至许多工作人员在战场上晕倒。这样的连续苦战，对于英国方面来说非常的不利。

德军在9月中旬的时候，几百架轰炸机在战斗机的掩护之下，进入了全面的戒备状态，在海峡上慢慢的浮现，向英国发起了全面的进攻，此时的英军方面也进入了全面的防守和反击的准备当中，时刻关注着德军的行踪和前进方位。

德军信誓旦旦的向英国的首都飞来，可是让他们没有想到的是在刚刚靠近英国的首都时，英军立即采取了行动，很快德军的几架飞机被英军驱赶分散了，不仅如此，一些飞机在没有扔出炸弹的时候就被击中了。

过了几个小时以后，英军已经将一支非常强大的德国军队打的狼狈不堪。皇家军队经过此次漂亮地回击，使德军信心大减，让英国人民感觉到了胜利的希望，德军这次损失的是非常强大的一支德国军队，这样的打击着实出乎德军的意料之外。

这一天也成为大不列颠战争的关键转折点，由于现在的战争局势所限，戈林意识到了需要马上改变策略和战术。所以他将自己手下的飞机安排在白天出行，目的不是为了进行轰炸，而是要把他们作为引诱英军战斗机出来作战的行动目标，为德军的后续进攻做下铺垫。

和"闪击"其他国家一样，德国空军千架飞机又开始对英国进行闪电空袭，他们对伦敦进行狂轰滥炸。可是在坎波雷的上方，德军的位置还是对自己十分有利的，英国空军已经利用"喷火"式战斗机发起进攻。这些飞机准备杀入德军的轰炸队伍当中，进行全方面大范围的攻击。紧接着，英国的 504 中队的"飓风"又冲入机群。两支中队都曾经在战斗中有过功绩。这一时刻，又成为他们立功的良机。

英雄雷·雷姆斯就在 504 飞行中队，他接到上级命令以后，要求他马上在亨登上空起飞，对前方的道尼尔轰炸机进行阻拦，数量大概是十几架，他们进攻的目标是伦敦，现在必须要将他们控制在伦敦以外的范围之内。

空战紧张激烈地进行，霍姆斯察觉几架轰炸机似乎要攻击白金汉宫。预感到事态紧急的霍姆斯，便独自一人驾驶战斗机冲过去。接到命令的他很快就与德军的轰炸机针锋相对，他毫不犹豫的放出炮弹，他成功的将德军的一架飞机击落，剩下的几架飞机见势不妙很快就将飞机调转了方向。可是霍姆斯并没有放弃追击，过了一段时间，当他瞄准了目标要发射炮弹的时候，问题马上出现了，弹药用尽，此刻德军的轰炸机正径直的向白金汉宫冲去，霍姆斯急中生智，想出了一条妙计。

在这样的紧要关头，凭借自己的多年经验，霍姆斯很快就加速追赶前方的德军轰炸机，当自己追上敌人飞机的那一刻，他用力用自己的机翼将他的尾翼撞毁，很快德军的轰炸机后方就被大火所淹没，在空中摇晃了几下之后，向地面坠了下去，路过的地方还留下了一股股的黑烟。霍姆斯的勇敢和谋略使白金汉宫远离了危险。

然而，霍姆斯的飓风战斗机和对方的飞机相撞的时候，自己的飞机也受到致命一伤，飓风战斗机的空气动力系统遭到了严重的破坏。面对如此严峻的情况，霍姆斯仍旧临危不乱，就在飞机要坠毁的瞬间，他立即通过跳伞脱离了危险。

每当雷姆斯回忆此事时，都会很幽默地说："很让我觉得尴尬的事情是在降落的过程中我的靴子竟然被弄掉了，下降的过程中我意识到了自己的方位竟然是火车站的电缆，这可是一件不好的事情，所以用尽全力，我还是绕过了这个地方，降落的时候我悬在空中，两脚竟然踩在了垃圾桶了，现在想起来还是觉得非常好笑。"

可是，霍姆斯所用的"飓风"战斗机落在了白金汉宫前方的道上，虽然飞机坠毁，但是功绩还在，那架飞机一直被埋在了公路下面，如同一个守护神一样。德军的那位成功逃生的飞行员就没有那么幸运了，他被英国民众一顿殴打，惨死在街头。雷姆斯刚刚参军的时候，年仅 19岁，带着年少时的梦想，想当一名优秀的飞行员。命运却跟他开了一个玩笑，他的确被选种了，但是不是去空军，而是去了陆战部队，只是一名普通的陆战士兵，这样的日子让雷姆斯很失去了人生的方向。

转眼两年的时间过去了。到了 1939 年夏，首相丘吉尔在做战争动员的时候，亲自到部队上激励士兵们要为我们伟大的祖国而战。丘吉尔又去士兵们住的宿舍，看士兵们住的条件如何，他们一行人来到来到 105宿舍门前，听见里面有人说话，丘吉尔就说："那我们就来这间看一下，看小战士们都在做什么"，随后丘吉尔就敲了一下门，里面传来一声"马上"。声音未落，门已经打开了，开门的是雷姆斯。此时，雷姆斯傻傻地站在那里，他万万没有想到首相会来到他的宿舍。丘吉尔看到雷姆斯的变化万千的表情，让丘吉尔不禁一笑，并说道；"我来看一下你们住的条件"，而雷姆斯还是一样木讷地站在那，丘吉尔又说道："哦，年轻人你就打算让我这样参观吗？就站在门口说话吗？"

这时雷姆斯意识到自己的失礼，并紧张地说："首相，请进"，丘吉尔看了一下宿舍的环境，赞叹地说："收拾的很干净、很整齐，不错"，关心地问道："年轻人你为什么当兵"，雷姆斯小声地答道："我想当一名优秀的飞行员"，紧接着，丘吉尔又问："那你为什么没有去开飞机呀，那种感觉很棒"，雷姆斯就像丘吉尔说了一下自己的情况，是因为招兵处的人给他填错了表格，丘吉尔听了以后，哈哈大笑，追问到："如果再有一次机会，你还愿意当航空兵吗？"雷姆斯坚定地回答："我愿意"，而且从雷姆斯的眼神可以看出那种坚毅。

丘吉尔完成战前动员工作以后，再回伦敦的路上给雷姆斯写了一封长信，信上的内容是这样的："有一个这样的青年，他出身贵族，对于贵族的年轻男子未来的最好去向就是神学、法律和军事。他的父亲考虑到自己的儿子非常不喜欢学习之后，放弃了让他掌握大量古典文学的想法，并且认为法律也不适合他。无奈之下，只好为他谋求军事发展之路，而且这个年轻人在击剑、游泳、骑术水准一流，因此，选择做军官也是无可厚非的。经过一番考虑之后，他的父亲决定让他报考桑赫斯特皇家军事学校。为了备好这个学校，他转入了军事专修班，这个专修班被其他同学称为'蠢材乐园'。这个年轻人在哈罗公学的生活开始倒计时了。

这个蓬勃朝气的年轻人的哈罗生活是不愉快的。他与同学相处得并不融洽，与老师的关系则更加糟糕。总之，他在这里是一个大家都不喜欢的人，他也不喜欢和其他人相处。由于他性格孤僻，独来独往，所以，学校的人都认识他。

后来，他的父亲不在政府中任职，也很少去学校看望他的儿子，仍和以前一样，然而他的母亲的做法却同他父亲的做法相差无几。甚至是在假期中，他也很难见到父母。只有埃夫列斯特太太照顾他和弟弟，在他上学的时候给他寄信，关心他的生活。这个埃夫列斯特太太实际上已经比他的亲人还要亲了。

而这个年轻人后来也对自己的生活进行了描述："那段时间是我一生中没有丝毫意义痛苦的一段时间，生活里充满了单调、乏味，这样的生活对于我来说简直是痛苦不堪。"

桑赫斯特皇家军校是当地非常有名气的学校，要想进入这样的学校，首先需要有资深的家庭背景，其次需要有经济条件来应付高昂的学费。因此，这所学校的学费昂贵当地一般的家庭是承担不了的，除了学费和家庭背景的限制以外，这所学校的入学条件也非常的苛刻，如果没有事先准备是无法考进去的。但是桑赫斯特皇家军校是步兵和骑士的摇篮，每年都会有大量的优秀人员被挑选进军队，委以重任。

这个年轻人就用实际行动证明了，这次考试和往常是有所不同的，没有任何人会来帮助你。尽管在哈罗公学就开始筹备考试，并一直进行着艰苦的学习，但他还是连着两次落榜。

年轻人的父母为了自己的孩子四处忙碌着，母亲明白要想学好一门语言最好的方式就是将他送到这种语言的环境中去，所以很快他们就办好了将儿子送往法国的手续，并且将他安顿在法国人的家里。

这个年轻人对这次旅行很满意，同时他的法语有了很大的进步。他的法国经历让他敢于大胆讲法语，虽然他的口语水平不是很高，还有一些错误。他开始用法语给家人写信，暗暗向母亲证明他的法语能力，这段学习生活帮助他在桑赫斯特皇家军事学校的考试中顺利过关，可是意外的收获就是这段法语学习生活对他以后的生活有着很大的帮助。

他的父亲考虑到如果不转变学习方法，那么所有的努力很可能会起不到任何的作用。经过考虑后，他的父亲便决定让他去上考前辅导班。而且那所补习班还是一位有名的上尉开办的，他的父亲非常信任那位上尉，觉得儿子经过他的指导以后，能够非常容易的渡过这一关，让落榜的事实尽早的结束掉。

就在事情向好的方向发展的时候，一个意外出现了，中断了这个年轻人的学习。

这一年的秋天，这个年轻人的一家来到了伯恩莫斯的宽大别墅过冬。这里的风景相当好，有大片的松林，山崖下边是大海。有一天他正和自己的两个弟弟打闹。被两个弟弟在身后追赶，这时他已经累的上气不接下气，不过他仍然没有停止。

就在这时他发现前方有一座木桥，于是他不假思索地跑了过去，没想到他的两个弟弟早已经在那里等候着他了，他不想做俘虏，所以他迅速的想着用什么办法来逃脱掉，就在这时他突然发现桥的下面有很多的杉木，急中生智，他准备利用这些杉木来逃脱掉弟弟们的追捕。

杉木的枝干并没有想像中的那么结实，年轻人不了解这一点，所以当他抓住枝干的同时也就意味着他要为此付出代价。他从将近30英尺的高度上摔了下来，腿和头部都严重的受伤了。当他的母亲知道这个消息之后，急忙去救自己的儿子，经过了几天的疗养后，渐渐地恢复了知觉，数月的康复疗养初见成效，他的身体慢慢好转起来。

在养伤期间，由他的父亲母亲一起陪同，所以家中经常会有一些政客出现，讨论一些关于政治上的问题，所以当他的父亲和客人们谈论一些政治问题的时候，他就会在心中暗暗地做着自己的判断，就是这种潜移默化的影响使得丘吉尔开始对政治有了非常大的兴趣，在他看来，父亲将财务大臣一直拱手相让是非常不明智的选择。

在伤养好之后他还经常去旁听，积极的关注政局的变化情况，他经常会想像父亲在政治上又有新的突破和成绩，而自己跟随者父亲的步伐一起进入政坛，在政治上有所建树。这段时间，他一边养伤一边勾画着自己的未来，也可以说是他未来生活的转折点。

年轻人在身体有些好转之后，就为考试做着积极的准备工作，依照上尉的方式方法，他最后成功了，他被桑赫斯特皇家军事学校录取了，可是这与他父亲所期望的还存在着一定的距离，因为他的父亲想让他进入步兵专业，可是他的成绩还不能够被这个专业录取。

当这个年轻人得知自己的考试成绩的时候，是在旅行途中，他的父亲给他写了一封很长的信，在信中他的父亲只是做了一个简短的祝贺，很明显他的父亲对于他的成绩并不满意，随后他的父亲很快就转入正题，对于他没有过步兵分数线表示非常的失望。督促他以后一定要倍加努力来改变自己的境地。要做对社会有用的人。

父亲表现的如此暴躁，原因有二，一是面子问题，二是经济上的问题。就在学校开学之际，他回来了，去学校报到上课。这个军校远比他想像中的要轻松很多，在纪律上要求的并不是很多，可是他的父亲为他定下了非常多的严格的规定，这其中包括只允许他在一学期内回家一次，以便于他能更加专心地学习。

春去秋来，时间转眼而逝。这个年轻人从桑赫斯特皇家军事学校毕业，开始他的戎马生涯，由于家庭的变故，使他越发成熟起来，他在努力地为自己寻找机会。他考虑到未来的政治生涯，为了能够增进自己的阅历，特别是在军事方面的阅历，那么这对我们的前途一定非常的有帮助。再通过勋章的获得会使得自己的人生更上一层楼，特别是还会在新闻写作方面发挥自己的才能，这样对于他来说就有出名并且被世界所了解的可能，他开始为自己的想法不断地寻找着突破和前进的机会。

十几年的时间对于一个年轻人来说，是一段非常重要的时间，他可以让一个人变得成熟，也可以让一个人变得更加幼稚。然而这段时间却是他的坎坷和苦难的岁月，让他未来政治生涯有了更多的精彩内容。

在1901年2月，这个由青年蜕变为壮年的男人，参加了第一次下院议会，并选择他父亲退职前做过的位置。

在以后的十几年时间里，他一直从事政治事业，在最不乐观的时期，他都坚持着，因为那是他最热爱的事业，一直到现在，仍在不断地努力着，即使他现在很成功。这个人不是别人，就是我。

当你看到信结尾的时候，你也许不认为信中所写的那个年轻人就是我，但是年轻人我想告诉你的是，自己认为对的就要努力争取，机会不是等来的，是争取来的。你要为自己争取一些想要的东西，相信自己是可以的。

落款：丘吉尔"

丘吉尔停下了手中的笔，洋洋洒洒写了五页，主要内容是以自己的经历来鼓励雷姆斯，希望这个年轻人做自己喜欢做的事。

雷姆斯收到这封信的时候，一口气读完所有的内容，感动之情无以言表。这几年里，没有人跟他谈这么多推心置腹的话。然而，首相却跟他说了这么多，让他知道应该如何选择自己的人生道路，应该怎样去追求人生的梦想。

在这之后，雷姆斯进入到陆军航空兵的训练基地，超负荷的训练，让一些队员几乎坚持不下去。有的队员开始抱怨这是什么鬼地方，简直不是人呆的地方。可是雷姆斯从来没有抱怨过，他坚持着，因为这是他最喜爱的事。其他队员看到雷姆斯这样，都在取笑他是个傻瓜，不知道累的傻瓜，连他的长官都暗自说，这真是一个不一样的学员。

在经过几个月的训练之后，雷姆斯的飞行技术只是一般，这样其他的队员就更加取笑他了，说他是没有"脑袋"的飞行员。即使是这样，雷姆斯也从来没有想过要放弃，因为有一位慈爱的长者在背后支持他。在节假日休息的时候，其他队员都出去玩的时候，只有他一个人在那苦练，反复在练习飞行动作。

任何事情只要努力去做，并且坚信自己会成功，那么你就离成功不远了。雷姆斯的苦练收到了回报，在飞行技术考核中，拿到了第一名。他把这件事告诉了丘吉尔，百忙之中丘吉尔给他回了信。信上的内容是："要和战友们处好关系，因为以后你们要并肩作战，再者战友之情不是其他感情所能代替的。"虽然只是简短的几句话，却让雷姆斯终身受用。

在 1941 年，当德国对英国发动空战的时候，雷姆斯就向上级申请，要赶赴前线，把德国佬赶回去。然而指示下来以后，让他服从命令，听从指挥。

在 1940 年 9 月 15 日，雷姆斯的英雄举动，不是自不量力而是出于本能，在撞击的那一刻，雷姆斯是英勇的、无畏的，他只想保住这座白金汉宫。

当雷姆斯成功的保护了白金汉宫的时候，他只是长舒一口气，终于完成任务了，并没有想到从那一刻开始，他就会成为英雄，成为众人敬仰的大人物。

事后，雷姆斯回到部队，大家为他开表彰大会的时候，所有人都让他发表一下自己的想法。雷姆斯不好意思地走到台上，手很不自然的放着。他慢慢地说着："其实我跟大家一样，没有什么可说的，只不过这件事被我赶上了。当时我所面临的环境非常紧急，而且我周边没有一架英机，而且我没有一发炮弹，在那种万分紧急的时刻，只有用我的飞机和他拼死一搏，来保卫我们的王宫，如果王宫被敌机炸毁了，那我们就没有理由还活着。我不容许纳粹主义者来撞毁我们的王宫。"一段简短而且简单的话语，却赢得了听众们雷鸣般的掌声。

在以后的军旅生涯中，雷姆斯还是像以前一样地生活着，一起参加紧张的训练，和战友们一起参加战斗，跟别人没有什么不同。

时至今日，当人们走在白金汉宫的大道上的时候，都会在那里驻足，缅怀英雄，缅怀那架"飓风"战斗机。人们都在轻声耳语着，有的人在祈祷着，保佑国家的昌盛和繁荣，有的人在祈祷着，世界永远和平，不再有战争，也有的人在幻想深埋地底下的飓风战斗机，也许已经变成了一只和平鸽，在世界的各处自由飞翔，向世界人民传递着和平的信息，只要有和平鸽的出现，世界就一片祥和。

"飓风"战斗机已经成为和平的化身，逝去的英雄已经成为和平的倡导者，让我们追随他们的化身，追求世界的和平。

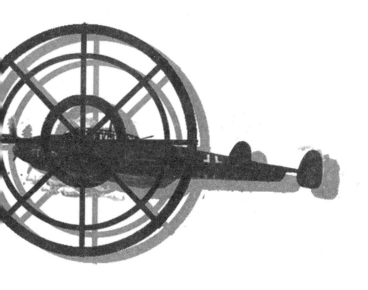

反法西斯同盟的第一王牌
——伊凡·尼·阔日杜布

反法西斯同盟的第一王牌
——伊凡·尼·阔日杜布

伊凡·尼·阔日杜布这个名字在二战时期震惊了全世界，在卫国战争中他逐渐脱颖而出，成为了卫国战争的英雄。当全世界都卷入战争的狂潮中，他也积极的参加这场战争，战争爆发以后，他在战场上勇敢的与敌人进行战斗，直到卫国战争结束之后，他一共打下了几十架德军的飞机，战绩卓著，位居苏军空战射手榜榜首，成为王牌中的王牌。伊凡·尼·阔日杜布的空战技术在整个反法西斯同盟中都是一流的，没有人不知晓他的名字。在这些赫赫战绩中，击落德国喷气式战斗机更是他辉煌战绩中浓墨重彩的一笔，能够取得如此大的成就的飞行员需具备超凡的应变能力与扎实的飞行技术。阔日杜布被授予"苏联英雄"金质奖章，并且是连续获得3枚金质奖章，是前苏联空军的骄傲。

回到1920年迎来又一个春的日子，春天带着她那特有的气息，把大地吹绿了，那新绿像海一样地蔓延，让人陶醉其中。春天又奉献出她特有的温熙，像潮水一样地涌来，让人断魂。这美好季节的到来也似乎给乌克兰肖斯特卡的奥布拉耶夫卡村的那户人家带来了喜讯，这户农家的夫妇俩已经有四个女儿，希望能再有一个儿子。此时伊凡大叔正在卧室门口焦急地等待，他的妻子正在里面生产，伊凡大叔真诚地祈祷着，希望会是儿子，这样，他的妻子就不再受生产之苦了。也许上帝听到了伊凡大叔的真心地请求，被这位善良的农民所感动，只听见里面传来婴儿的啼哭声，医生出来告诉他是个男孩，这回伊凡大叔如愿以偿了。

这个男孩就是伊凡·尼·阔日杜布，他的出生为这个家庭增添了许多欢声笑语。随着，阔日杜布的一天一天地长大，老伊凡发现他的儿子胆子小得出奇。为了帮助儿子克服这个毛病，老伊凡言传身教，慢慢的小阔日杜布学会了许多宝贵并且终身受用的东西，这对他后来的一生都有很大的帮助。1938 年，阔日杜布已经 16 岁了，他的父亲把送入了肖斯特化学工艺学校学习。学习期间，他爱上了飞行，并且参加了航空俱乐部。

在这段学习期间，阔日杜布不但在学校取得了优异的成绩，而且在飞行方面也取得了很大的进步。他虽然是个业余飞行员，但丝毫不逊色正牌飞行员。在二战爆发的第二个年头，欧洲战场还在进行着如火如荼的战争，前苏联的政府方面正在进入紧张的备战状态。阔日杜布从肖斯特化学工艺学校毕业以后，通过自己的不断努力，又如愿以偿地进入了丘吉耶夫卡的歼击机航校。

当阔日杜布来到达丘吉耶夫卡的歼击机航校后，兴奋极了，他终于可以学自己喜欢的专业了。现在的阔日杜布已经把飞行当成自己的事业，在那里，他开始勤奋地学习，刻苦地钻研，没有多久他就成为同期学员中的最优秀的人了。他的教官也对他十分偏爱，阔日杜布掌握的技术要领越来越熟练。飞行队里的同学都把阔日杜布当作学习的榜样，阔日杜布也愿意帮助他们，所以阔日杜布所在的飞行队是丘吉耶夫卡的歼击机航校一流的编队。

时间总是过得那么快，阔日杜布已经在丘吉耶夫卡的歼击机航校学习了一年的时间，并以优异的成绩毕业。由于战事的需要，阔日杜布的同学都被分配到战斗中队，赶赴前线。然而阔日杜布却留在了学校任教，他得知此事以后，非常气愤。但是在校领导多次工作下，才算是暂时安定下来。

阔日杜布始终想要亲自在战场上与敌人进行搏斗，即便是在培训新学员的时候他的这种想法也没有改变过。他对自己的学员要求非常严格，学员们在一段时间内非常害怕这位年轻的教官。然而在相处比较长的时间以后，他们了解到这位年轻的教官之所以严格的原因是为了他们能够歼灭更多的敌人。与此同时，阔日杜布也对自己的驾驶技术和射击技术更加细致地研究、练习。在这段时光里他掌握了许多东西，这对他以后的生涯和赫赫战功都有着密切的联系。

短暂的集训结束了，阔日杜布送走了他的第一批学员，当临行告别时，他的学员都纷纷地留下了自己训练笔记，作为送给自己的教官礼物。

当夜幕降临的时候，阔日杜布坐在桌子的旁边，翻开这一本本训练笔记，仿佛看到了以前的自己，那一幕幕犹如发生在昨天，是那样的清晰。还记得，那是第一次来到这个学校，就被那一架一架歼击机所吸引，从此便与飞行结下了不解之缘。

那一本本训练笔记，似乎都在对你讲述一个心情故事和训练时候发生的趣事。阔日杜布翻到最后一本训练笔记的时候，在那下面压着一封信，信上的内容非常简短，内容是这样的：

"亲爱的教官，

我们与你初次见面的时候，非常害怕您。没有笑容的脸上，和那双冷峻的眼睛，让我们一见到您就想躲开。但是您过硬的飞行技术，也令我们折服。经过相处以后，我们发现您不是真的冷峻，而是内心中的不快让你表面看起来是冷峻的。当我们知道您是因为没有奔赴前线而感到悲伤和难过的时候，我们也为您为难过。但事后想一想，如果您真的飞

二战浪漫曲

往前线了，谁来教导我们。战场不是有您一个阔日杜布就可以的，要取得胜利需要千千万万个阔日杜布。您现在所做的工作，是培养更多的优秀飞行员，是为国家储备优秀的飞行人员。

落款：您的学员"

阔日杜布读完这封信以后，双眼望向窗外，他也在思索着。忽然听见天空中的轰鸣声，他连忙起身跑向外面，抬头看见那一排一排的歼击机飞过去，他知道那是他最优秀的学员，飞向战场，保家卫国。

正值 1943 年的春天，阔日杜布在丘吉耶夫卡的歼击机航校已经又呆了一年，这一年当中，阔日杜布为国家培养了两批学员。这两批学员中，还出现了不少王牌飞行员。可以说，此时的阔日杜布已经是一个非常成熟的教官。

在这一年当中，苏军再次把队伍进行扩充，队伍慢慢壮大，此时的阔日杜布也终于能够实现自己的愿望，在天空中与敌人展开殊死搏斗。德军与前苏联之间展开了一次大规模的作战行动。此时的阔日杜布负责的是在南线方向进行战斗，命令发出之后，阔日杜布立即赶往前线进行战斗。他的任务是为苏军的强击机进行护航。在前线到处是硝烟，到处充满了杀戮，烟雾弥漫着整个天空，他感觉到异常的紧张，这是他在地面上无法体会得到的。

就在这个时候，敌军的飞机出现在上空，一架接着一架，这时的阔日杜布表情有些木然，这种状况以前很少遇到，接连几架敌军的飞机死死的咬住了他。虽然状况有些复杂，但是依照阔日杜布以往的经验，只要他冷静下来，这种情况他还是足以应付得了的。但是他们没有想到，这是一个技术非常熟练的高手，虽然没有实战经验，但也绝不逊色有经验的飞行员。他想尽一切办法，凭借对飞机技术的掌握情况，用了许多样式的动作，终于架着自己残破的飞机在包围圈中冲了出去。

虽然这是一次不愉快的作战实，但阔日杜布仍然很高兴，因为他找到了飞行的感觉，而且发挥得越来越好。虽然这段时间阔日杜步一架飞机都没有击落，但是他的才能却渐渐地凸显出来。真正地显示出阔日杜布的才能是在卫国战争的转折点——库尔斯克会战。

在这次库尔斯克会战中，有上千辆坦克参加了战斗，还有上千架飞机也参与了战斗。

苏德之间的战争仍然继续进行着，斯大林格勒战争中苏军取得的胜利非常的重要，苏军并没有就此停止进攻的脚步，而是加紧追击，在战斗的过程中重新收回了许多失地。苏军逐渐的深入了德军的内部，而此时的德军并没有善罢甘休，而是积极的调动兵力进行反攻，他们为了能够诱使苏军深入，则故意放弃一些重要的据点。与此同时，苏军采用了一个有效的作战方式，即在进攻过程中不断地拉长战线，德军就近集结了很多兵力。

在西南方面的苏军经受了严重的打击，由曼施坦因所指挥的军群已经向苏联发起了猛烈的进攻，这让位于顿涅茨河和第聂伯河之间的苏军陷入了紧张的境地。苏军的第五集团军也遭到了毁灭性的打击。德军趁此大好时机，又进攻哈尔科夫。苏军因主力部队受到打击被迫放弃占领哈尔科夫的想法，向库尔斯克南面进行撤退，这样就能保证战线的安全妥当。苏军的最高统帅部从列宁格勒南面调集了坦克集团军，又从斯大林格勒调集了空军部队，此后，库尔斯克南面的奥博扬地区的战线总算趋于稳定。

在某种程度上，德军的反击造成了一个严重的后果，就是在尔斯克的重要位置上形成了突出部。德军在北侧掌握了战争的主动权。突出部的南侧则是曼施坦因的南方方面军掌握了这一控制权，在突出部的中心位置上则是前苏联的中央方面军掌握了权利，所以一切都在掌控之中，一场激烈的战斗就要拉开帷幕。

守卫库尔斯克南面奥博扬地区的守军中，阔日杜布所在的空军小编队也在此地。苏德双方的这场大战看来是不可避免的，阔日杜布带领他的小编队每日都在为战争作准备，把那些熟记于心的动作一遍一遍地练习。

此时交战双方都在为这次在所难免的恶战制定计划。德国方面由于哈尔科夫战役的胜利，使得他们对这次战斗也是充满必胜的信心。德军主力军的统帅曼施坦因更是希望通过一次主动进攻来歼灭苏军。理所当然，库尔斯克的突出地区成为了他的目标，在战前动员演讲时曼施坦因提到，"我们要发挥帝国之师的威力，把前苏联踩在我们铁蹄之下，要轻而易举地推开前苏联的大门。"从曼施坦因的这几句简短的话语中可以看出，德军对这次交战信心十足。

曼施坦因计划正在有序的进行着，南北两方面军通过钳形的进攻方式与敌人开始对峙，两方面军联合起来将苏军围在其中。在库尔斯克的突出部已经在苏军的战线当中慢慢的延伸开来。曼施坦因一举歼灭苏军的计划得到了德军最高统帅部的支持，但同时也遭到了其他集团军统帅的反对。原因很简单，德国在东线坦克损失巨大，更为严重的是，作为主力的坦克远远比不上苏军坦克。德国国内的坦克产量与苏军相比明显处于劣势。

在古德里安看来，对库尔斯克发起进攻会给军队的坦克带来巨大的损失。而且这样的改编也会使整个装甲兵陷入危险地窘境当中。而德军之所以改装装甲兵，就是因为德军在斯大林格勒会战的失利。这次会战的失利让德国全国上下都感到诚惶诚恐，陆军和国民的士气现在已经降到了最低点。他们深深地知道，德国称霸的脚步已经在冰天雪地的俄国大地上被无情地击碎。

斯大林格勒会战经历了 180 天就可悲地结束了。这些天里的损失是非常严重的，第六集团军损失了很多人，至今只剩下几万人左右，其中的大部分已经成为了俘虏。在顿河，斯大林格勒等地区希特勒损失的人数超过百万人，这样的损失让他痛心疾首。这可以说是希特勒发动战争以来的最大一次失败。

德国陆军总参谋长蔡茨勒在回忆斯大林格勒战役的时候说过："在东线上支撑战斗的队伍已经遭遇了重创。"

此时，德国面临的情况只能用腹背受敌、四面楚歌来形容。自从西方国家登上北非的大陆之后，德军的情况就急转直下了。罗斯福和丘吉尔等人于 1943 年初在卡萨布兰卡举行会中要求德国无条件投降。这样的要求无论是德国的人民还是德国军队的将士都是无法接受的，对他们来说影响非常大。

不过，希特勒已无法放下屠刀，他的命运和决定攸关整个德国的命运与走向。所以现在他的境地非常的艰难，进退两难，随时都会有意想不到的事情发生。

在严峻的局势紧逼下，希特勒不得不采取紧急措施。那就是重新启用古德里安。

古德里安在 1943 年 2 月中旬接到了陆军人事处的电话。林纳尔兹将军作为人事方面的管理人员，他立刻提出要求，要古德里安立刻亲自向元首报告这件事情的原委。出于种种原因，林纳尔兹不方便把这次召见的原因告诉古德里安。虽然此时的古德里安不知道此次召见为了什么，但是军人的天性就是服从。于是，古德里安在接到电话的当天就和贝克中尉动了身。经过了几天在车上的奔波忙碌，先坐火车后来又搭乘飞机，最终以最快的速度到达了目的地。

第二天上午，希特勒的副官长希孟德将军同古德里安进行了一次很详细的探讨。

希孟德对古德里安叙述了"元首"的意图。他说："德军的装甲兵现在的实力与苏军相比较已经存在明显的差异，所以德军的装甲部队必须要进入全新的调整阶段。苏军现在在战斗实力上已经占有了非常大的优势。"

古德里安点了一下头，表示赞同他的意见。

希孟德继续说："可是现在我们面临并且亟待解决的问题就是军需和参谋部之间已经存在了许多的矛盾与分歧。最关键的是装甲部队已经处在了非常灰心的状态之下，针对最高统帅部他们都是非常失望的情绪。所以装甲兵总监这一要职你是否愿意接受？或者你有什么想法可以提出来。在他们看来，这个兵种需要专业人士来进行掌控。

听了他的这段讲话之后古德里安思索了一下，回答了他的提问："希特勒授予我的任务，是经过细心考虑的，也是国家的需要，我非常愿意完成这项任务。但是在接受之前，我还是会有一些自己的要求，我现在刚刚养好身体，病情也是才痊愈，所以对于一些周折的管理方式，我并不想浪费过多的经历去解决这些东西，所以解决这一问题的最好方式就是我要直接由希特勒进行任务的安排，直接交流会减少很多的麻烦。我在兵器装备方面的意见我希望兵工署方面要积极的进行采纳。为了使战斗的效率变得更高，所以我希望在空军等方面我也应该具备监督和决策权。"

古德里安请希孟德将他提出的一系列要求转达给希特勒，并告诉希孟德，只有希特勒赞同了他的要求，他才会接受希特勒所下达的命令。

之后不久，古德里安就受到了希特勒的通知，约他下午见面。古德里安准时地来到见面地点，他们在希特勒的书房里进行了谈话。

其实古德里安从 1941 年底就没有见过希特勒了，短暂的 14 个月，竟让希特勒显得老了很多。他的言辞并不是那样坚决了，他的谈话也变得吞吞吐吐了，在桌上的手一直在不停的颤抖着。在他的书桌上还摆着古德里安著作。

稍作寒暄之后，希特勒以这样的话为开场白："我们已经很久没有见面了，过去我们有过许多误解的地方，首先我要表示由衷的歉意，尽管我们之间曾经有过矛盾，但是我现在仍然非常需要你来援助我。"

听了希特勒的一席讲话，古德里安思忖了片刻回答说"我愿意接受你的命令，只要是力所能及。"

希特勒听后十分高兴，接着说："你的要求希孟德将军已经向我传达了，对于那些要求我都能够接受。"两人交谈之后，希特勒要求其拟定一份职权安排并交给他。

随后希特勒接着说："这段时间我已经阅读了你在战争开始之前写过的文章，你对未来的许多看法和见解都非常的独到，在你的文章里我看到了许多的理想，现在是他们可以变为现实的时候了，这需要你的努力。"

然后，他们还谈论了当前前线的情况。希特勒认识到，斯大林格勒会战的大败和德军在东线上的撤退，所有的这些都对德国造成了一定的负面影响。德国在政治等方面遭遇重创。但是他对改变这种局面充满了信心。并且坚信自己不会失败。

这次库尔斯克会战是一把双刃剑，古德里安从弊的方面思考库尔斯克会战，对其改装装甲兵是非常不利的，尤其是现在的局势对德国来说刚刚扭转。对于这个问题希特勒也觉得把握不大，他曾经对古德里安表示过，这次进攻让他一直闷闷不乐，可是最好他还是接受了曼施坦因的计划，并且按照计划的安排向下级安排了任务。决定将中央集团军群和南方集团军群联合发动一个摧毁苏军在库尔斯克突出部的战争，这次作战的代号命名为"堡垒"。

然而"堡垒"作战计划的实施却拖延了很长时间，由于这一年雨季结束的较晚以及德军准备上的不足，所以作战计划被推迟。在一次讨论会上，德军中有一个将士拿出了一些照片，上面是关于苏军的情况，这些照片来自航空拍摄。在照片上可以看得出来德军的计划路线中苏军已经是有所防备了。所以的均需要做的就是马上将作战路线改变。以免对自己造成危险和战略上的失败。

对于调整线路的问题，希特勒又犹豫了，不过在曼施坦因的坚持下，再加上对"闪电战"的信心，最终还是确定了"堡垒"作战。

从以上情形可以看出，德军方面已经对库尔斯克是非打不可了。在兵力部署方面，中央集团军群在库尔斯克地区布置了大量的坦克和火炮，突出部的中部是布置了大量兵力。在这次进攻过程中，他们要做的就是做好南北两方面德军的联系。发挥重要的媒介作用。

此外，德军在突出部的两翼又部署将近20个师的兵力，著称德军的空中王牌部队也负责支援陆军。这样德军将所有的军备力量都放在了库尔斯克会战上。在这次战争中德军耗费了近百万的兵力。不仅如此德军还注入了大量的新型武器，坦克和飞机等，可以说为了这次会战，德军做出了很多的努力。

就德军研究"堡垒"作战计划的时候，督军方面也有所行动了。苏军中有一部分将领主张采取先发制人的进攻，这次进攻主要是为了使德军的进攻计划全部搅乱，并且在哈尔科夫战役中将曾经占有的主动权再次抢夺回来。前苏联的最高总指挥也比较倾向于这一方案，而其他的参谋人员却认为苏军应该先保持防御状态，以此消耗德军进攻的能量，摧毁他们的装甲兵力，之后发动反攻便能大获全胜。

在这个紧要的关头，前线的探查人员已经察觉到德军现在处于全面进攻的准备阶段，德军要对苏军展开大范围的进攻。在对德军是进攻还是防御的会议上，斯大林最终采纳了防御的策略。所以苏军对于库尔斯克会战进入了全面的防守阶段，并且全力地投入战斗。

德国南方集团军群方向的中央方面军正对着库尔斯克突出地区的北边，因此他们在那里集中了大量的兵力。上万门的大炮和迫击炮，还有大量的坦克和自行火炮。在这个方面上，苏军的力量是非常占优势的，不仅如此，朱可夫元帅还会亲自进行指挥。

苏军又针对库尔斯克南部部署了大量的兵力和火力。中央方面军主要为北部和南部的军队提供增援。一旦德军突破了库尔斯克防线，他们这支队伍就成了主力部队，并且他们是最后的一道防线。而当苏军反攻时，它会为其增加新的兵力。

这次战役从准备情况上来看较以往战役来看，是非常好的一次，莫斯科会战中苏军参加的人数非常少，而且连坦克都没有准备，而这次会战无论是兵力还是武器装备上都有非常大的改进和补充。在斯大林格勒战役时，参战部队也只不过增加了两三个兵种。而这次会战所使用的兵种达到了 20 多钟。在军事装备方面，苏军的军工业方面有很大的改进，

二战浪漫曲

已经远远的超过了在战争水平。而英美方面也将援助的军火送至前苏联。

苏军方面已经一切准备就绪，就连阔日杜布所在空军小编队时刻都在准备出击。可是，原本以为德军会发动大规模的战争，可是就是这样的日子却没有发生任何事。接下来的几个月里，德军都显得十分安静。阔日杜布现在一直在默默的盼望着前苏联的困难会慢慢的挺过去。

"13"这个数字在欧美人看来是非常不吉利的，所以在很多场合都尽量避开这个数字，可是阔日杜布并不在意这些，一个很明显的"13"印在他的战斗机上，他仍然全力以赴地加入了战斗。阔日杜布认为不吉利的事情是不会发生在他的身上，因为他是为了正义而战，为了和平而战。

德军的士兵接连被苏军抓获，在德军士兵的口中苏军了解到德军很快就要发起进攻，随后苏军又在突出部的北面又一次俘虏了一个德军士兵，确定了德军要发起进攻的事实。很快朱可夫就安排和做好了迎击的准备，他准备给德军一个重击。就这样库尔斯克会战拉开了帷幕。

由于苏军提前得到了德军进攻的时间，苏军发起的猛烈进攻完全是德军根本没有想到的。对此德军的伤亡非常大，损失的武器也很多。按照计划德军发动了进攻，他们的坦克损失大半，但他们仍然在苏军武力的威胁下艰难地冲过了苏军反坦克雷区，进而猛攻苏军的步兵师，苏军的近卫军难以抵挡德军的猛烈攻击，德军攻克了苏军的第二道防线。

前苏联最高指挥部得知此消息后，下达了取消原定反攻计划，将时间提前。由于德军的进攻十分猛烈，其程度远远大约预期，苏军方面把坦克布置在德军的侧翼，打算断掉德军合围的一条臂膀。苏军把空中部队也投入了大量的人力，阔日杜布就在其列。

在进行反攻的时候，阔日杜布和他的队友接到命令以后，立刻起飞。阔日杜布负责拦截一队德国轰炸机，将队伍分成了两个方向，将敌军的战斗机包围住，阔日杜布紧紧地跟住敌人的战斗机，在追击的过程中，敌人的一架战斗机落后了，阔日杜布发现了进攻的机会。因为离敌人的战斗机有很长的一段距离，他毫不犹豫地将所有的子弹同时发出，幸运的是这其中有几发命中了敌人的战斗机，在黑烟中这架落单的战斗机坠了下去。

即便是击中了一架飞机，但这远远离阔日杜布的预想存在着一定的距离。因为距离过远子弹耗费过多，这在空战中是非常忌讳的，为了改善这样的僵局，他马上决定对这个已经发生的问题做出补救措施，那就是近距离对敌人进攻。

阔日杜布和他的兄弟们竭尽全力争取反攻的胜利，斯大林也表示要尽最大的努力来对德军的突击进行有力的反击活动。德军在在激烈的战斗中向前推进了数公里， 没有实现攻破苏军防线的目标。然而德军仍在继续他们的攻势，苏军方面也在进行最后的抗争。

尤其制空权方面，阔日杜布带领他的小分队通过激烈的战斗暂时扭转了劣势，但是要想完全取得制空权还需要时间，还需要大量的兄弟部队支持。阔日杜布每次起飞之前，都向他的兄弟们传达最新的信息："告诉他们胜利就在眼前，只要我们在坚持一下。"

到了库尔斯克会战关键的一天，苏军按照命令继续阻止德军的前进，并且准备还向两翼进行反击，空军也做好随时掩护陆军的准备。在这前一天的晚上，阔日杜布为了侦察敌情，独自驾驶着雄鹰13飞往敌占区的上空。

德军侦察兵观察到这一情况后，及时向上面报告。此前，德军已经领教到飞机上标志着"13"的厉害，并将其称为"死神"，德军总部不知道苏军此举有什么意图，考虑再三以后，派出了德军最新型"战神"。阔

二战浪漫曲

日杜布看到德军一架战斗机起飞了，但是这架飞机与德军其他的飞机不同。阔日杜布知道德军方面发明了一架新式战斗机，正在向阔日杜布飞来的这架战斗机就是他知道那架。

阔日杜布暗自高兴，没有想到自己的这一举动，竟然让德军动用了新玩意。他大声喊着："来吧，德国佬，我要把你送进地狱去。"阔日杜布在与敌人交锋的过程中，充分发挥了自己的水平，在与敌机周旋两个回合以后，阔日杜布瞄准敌机的尾部，按住炮弹发射键，猛烈地向敌人发射去。只看见战神屁股上冒着一股烟大头朝下坠下去。

德军得知此事以后，对前苏联空军部队增加严密的部署。阔日杜布返航以后，也把这一情况报告了上级，苏军方面在此前的部署上，又进行了严密的部署。

苏军的计划的一部分是使德军无法用尽全力的攻击他们的主要目标，德军见此情况无法从正面突破，便决定先从侧面突破，以后的日子里，德军的进攻都非常的成功，他们已经靠近了苏军的最后防线，很快战争最激烈的场面就要开始了。

7月中旬，战斗拉开序幕，苏德双方几乎是同时向对方发动了进攻。初始阶段，德军的新型坦克明显占优势，与之相比，苏军的坦克几乎对德军产生不了威胁，于是苏军便将坦克以最快的速度冲向德军，以便能更近距离地接近德军坦克。这样的作战方式使苏军的坦克付出了非常惨重的代价。由于双方的距离拉近，所以战斗更加猛烈了，坦克在炮火中被炸，没有了坦克双方开始了肉搏战。到处是鲜血到处是残骸。

斗争就这样一直持续到晚上，双方都拼杀了一天，似乎也都是没有了力气，战争的步调逐渐变慢了。这次会战使苏军遭到了巨大的损失，阔日杜布听到这个消息后，非常难过。空军总部决定动用全部的兵力突击敌人，阔日杜布又再次参加战斗，而这次将是库尔斯克会战决定性的一战。

在这个紧要的时候，前苏联的空军已经将制空权牢牢地握在手中。法国的"诺曼底"航空大部队也前来参战。面对苏军新一轮来势汹涌的进攻，德军已无阻挡之势。在苏军猛烈的攻击之下，德军连连败退，最后苏军成功地收复哈尔科夫。

苏军终于打赢了库尔斯克会战。在这次会战中，阔日杜布功不可没，他击落的飞机有数架，跃然成为了苏军的一个顶级飞行员。接下来他被任命为部队的大队长，并授予了战斗红旗勋章。

阔日杜布在上任之后很快就表现出了非常出色的领导和指挥才能，他不仅把分配的任务完成得很好，而且都是以胜利收尾，军队在他的指挥下，纪律严明，士兵整体的精神面貌和心理素质都非常的不错。对于军队的管理他有自己的一套处理方法，并且在实践中得到很好的运用，经由他培养的士兵都是英勇顽强，勇于牺牲的好士兵。

德军接连失败，冬天的寒冷加之士兵们的灰心丧气，使这个冬天变得更加让人心凉。而此时的苏军仍然在有条不紊的准备着战斗，丝毫没给德军回旋的余地。阔日杜布准备采用地形掩护的手段来进行作战，结果战绩翻倍，因此获得了"苏联英雄"勋章。

转眼间到了 1945 年春天，前苏联将境内的德军基本上驱赶一空。阔日杜布的战绩十分出色，此刻他已经击落了几十架战斗机，加上的战绩，可谓是硕果累累。

阔日杜布获得了两个"苏联英雄"勋章以后，苏军最高统帅决定让他到基层部队去跟大家谈谈自己的经验，并且给他一个礼拜的假期。阔日杜布知道这是一个难得的假期，在基层部队工作一个月以后，就回家探亲了。

然而，柏林之战又把阔日杜布推向了战场。1945年的4月份，柏林战役开战了。阔日杜布从家里返回来以后，就马上参战了。

柏林又怎么会爆发一场大规模战役？柏林是一座充满着悖论的城市。这个城市既安静祥和，又有着发达的文明和深厚的历史底蕴。但它同时又被纳粹希特勒在二战中的大本营，充满了血腥、恐惧与暴虐。这个充满了矛盾与变数的城市很难形象地用文字描述出它的概貌。它理智而又节制，但又常常出人意表，让你惊叹不已。它在历史长河中奇迹般地分合、废兴，似乎也恰恰证明了这个城市杰出的弹性系数。

1945年4月16日凌晨，柏林响起了枪声。一刹那，沉溺于社会之中的矛盾、喧嚣、压抑顿时无限制地爆发了，纳粹希特勒这个人类历史上的罪人终于听到了代表死亡的号角。

盟军的炮弹在阵地上咆哮着，在德军的头顶上肆意的盘旋着，炸弹横飞，地面似乎再次剧烈的抖动着，不仅是这些攻击，盟军还大量的派飞机来加入战斗。大量的炮弹向柏林飞去，转眼之间他就陷入了一片火海之中，在上空作战的同时，地面上的火炮也进行着同步进攻，这样让德军很难及时的回击，结果可以想象得到，德军的战况非常不乐观。

当盟军刚刚进入德国境内时，希特勒还抱有反法西斯同盟内部必将分裂的幻想，妄图以拖延战争进程的方式，以期局势有所变化，进而扭转战事的被动局面。于是希特勒调集所有可调集的军队死守柏林，集中全部力量对付盟军。盟军最高统帅部却早已下定决心要同心合力彻底地将德军消灭于其巢穴，并尽早地结束欧洲战事。

虽然纳粹德国的局势已经岌岌可危，已经没有了取胜的希望，但希特勒仍然垂死挣扎。柏林处在非常危险的境地。守护柏林成为了重中之重。德军在柏林的周围设下了重要的防护地域。在柏林市内也安置了许多的防守的阵地，在柏林的许多临街的窗户上安置了坚固的射击孔，经过了周密的安置和整个柏林成为了一个全面武装起来的射击阵地。看到这些埋伏已经设置完备以后，希特勒狂妄的向士兵们宣布，"我们要为了自己的国家一直战斗下去，不管发生了什么事情，只要在我们的土地上有一个敌人存在，那么我们的战斗就永远不会停止。"

面对如此危急的情况，希特勒立刻下达命令要求所有的人员都要加入战斗，不管是军事机关还是文员等都要积极的加入到战斗当中去。在接下来的几个小时里如果有指挥官坚持不动，那就马上处决，而这还不够，我们要将他们的尸体挂起来进行示众，让人民看看这些"逃兵"的面容和下场。

正义终究会战胜邪恶，从盟军发起攻击到柏林德军统帅部代表凯特尔元帅签署无条件投降书，仅仅十几天。在战斗中，盟军的战果丰厚，德军损失了近百个师，俘虏的士兵将近 50 万左右。柏林的死亡人数也非常多，平民在惧怕和恐慌之中到处逃窜。众多平民和士兵经受着梦魇般的厄运。柏林战役结束了，它标志着在欧洲的最后一次反法西斯取得了胜利，德国纳粹彻底地覆灭，二战欧洲战事也就此终结。

1944 年又是一个冰雪初融的时刻，德军在乌克兰的军队撤退到了加利西亚地区以及苏罗、苏捷交界处。

这时的撤退使中央集团军群的右翼完全暴露出来了。苏军抓住了这个时机，一鼓作气，在白俄罗斯把一向战无不胜的中央集团军打了个一败涂地。一连串的失败令希特勒心惊胆战，波兰战场又失败了，德国战场也失败了。

希特勒开始坐立不安、彻夜难眠，但是在这种内外交困的时候，希

二战浪漫曲

特勒越发令人不可捉摸，他的坚持战斗的决定仍然是一如既往，满怀信心。阿登反攻是希特勒垂死的孤注一掷。

德军的最高指挥官已经被召回总部，西线的战场上仍然是硝烟弥漫，可是让他们想不到的是在上车之前武器以及公文包等都被搜个遍并且被扣下，然后把他们放入了一辆大卡车当中。为了使他们对路线模糊，混淆他们的视觉，所以在傍晚的原野上漫无目的的走了近一个小时。最后在一个非常深一眼望不到边际的地下室里停了下来。希特勒已经来到了泽根堡的大本营中，大本营中的一些人已经知道，在接下来的几天里西线会发起大规模的战斗。反攻的程序和准备活动已经进入了紧张的筹备阶段。

希特勒将自己的构想向他的部下系统的陈述着。在他看来夺取主动权是重中之重。在这之后要迅速的将战斗热情与攻势调动起来，将美军的整体构局搅乱，分割成几个部分以后，向安特卫普挺进，使艾森豪威尔的基地遭遇到重创与威胁。从而使敌方的军队彻底陷入危机的最边缘，逼迫他们撤离。

同时，他还向他的这些高级指挥官们承诺，这一反攻不仅会使英美联军惨遭失败，同时也能使德国本土不再会受到威胁，这个攻势如果取得胜利，就会打开去往阿登森林的道路，在1940年的时候，根据德国的情报人员报告，美军在这里的防守部队仅有4个步兵师，所以美军的力量是非常薄弱的。

整个秋天以来，希特勒一直在搜罗残兵余卒，准备为他的最后一搏而努力着。从10月份到12月份之间，希特勒已经拼凑出2000多辆的改装或者是新的重炮和坦克。不仅这样，他还征调了包括9个装甲师在内的共28个师，这几个师进行突破阿登森林；另外他又派出6个师，以便在进攻的时候向阿尔萨斯挺进。同时，希特勒还有戈林许诺的 3000 架战斗机。

这支力量虽然远逊于 1940 年伦斯德在这个战场上的兵力，但是这支力量也是不容忽视的，它的用途已经很大了。如果拼凑出这样的兵力，也将意味着东线德军的支援将会破灭，即使东线作战的指挥官们一致认为，有这种力量的支援能够抵挡住在 1 月份苏联发动冬季进攻的局势。

12 月 12 日的晚上，戏剧性的一幕上演了：被没收了武器和公事包的德国将军们聚集在了泽根堡元首的大本营，当统帅出现的时候，他们感觉到的是，他脸部呈现的是憔悴的神态，背也驼了。他坐在椅子上一直是弯着腰的，两只手也颤抖不已，而且一直隐藏着随时可能发抖的左臂。走起路来一条腿得拖在后面。

但是希特勒的讲话却没有变，和以前一样铿锵有力。之后，他对指挥官们作了一番讲话：

我们所面对的敌人，也许历史上也不会再遇到这样的联盟敌人，他们的成分很复杂，各自的目的又是不一致的，一个是极端的马克思主义国家；一个是极端的资本主义国家。所以，只要我们德国不放松自己，再向他们发动几次进攻，那这个依靠人力维持的战线一定会快速崩溃。

当会议结束后，希特勒的这番讲话仍然在将军们的耳朵里盘旋。虽然他们不相信这次阿登攻势能够取得成功，但是他们继续用最大的努力去完成这项任务。

在接下来的几天，阿登森林地区一直被大雪覆盖着，浓雾笼罩着这里。由于这种恶劣气候的影响，德军的二十几个师的兵力趁机进入了美军防御领地。而那里，有近 8 万美军对其进行防守。

熟睡中的美国军官们，他们怎么也不会想到，德军的大量兵力已经埋伏在他们的阵地上，正等待着进攻。在盟军最高统帅部里，也没有人会想到，遭到惨败的德军竟然会发起猛烈的反攻。

1944 年 12 月 16 号的早晨，大量的德军密集在美军阵地，突然发起猛烈的进攻，美军阵地都遭到了严重的袭击，美国军官兵们惊恐不已，他们慌乱的从睡袋里钻出来，爬进了掩体。

美军阵地里的电话线被炸断了，待在掩体里的美军并不知道发生了什么事情。炮击声一停止，德军上百架照明灯立即放出光，根本没有美军反应的时间，他们的工事便被德军的装甲坦克碾碎了。

这次的攻击，美军因事发突然几乎全线坍塌。

这天早上，当希特勒醒来的时候，距离美军北部战线的 100 米处，已经被德军突破，尤其是德国的步兵，他们已经潜入到美军的占领区。

到了晚上，天不仅很黑，而且还下着大雪，阿登森林极其附近的群山都被大雪覆盖着，并且被浓雾笼罩着。天气所显示，像这样的天气会持续几天，盟军的飞机根本不可能在这段时间内起飞，所以德国的供应线不会遭到更严重的袭击。

这场战役，天气帮了希特勒的大忙，德军的这次行动，是盟军的总参谋长所没想到的，之后，阿登攻势在突破盟军防线后便迅速地向前推进。

阿登战场此时是一片混乱的景象，不管是将领还是普通的士兵，他们都不知道到底发生了什么，在今后的两天时间，被困的美军达到八九千人，美军全部兵力都在施尼·埃菲尔峰上。

德军的一支装甲部队很快到达斯塔佛洛，此时，这支装甲部队距离美军第一军团总部驻地斯巴非常近，大约仅有 8 英里。美军得知情况，迅速撤退。然而对美军威胁最大的是，德军的挺进距离美国装有 300 万的加仑汽油的供应站，目前的距离只有 1 英里。德军目前非常需要汽油，如果德军的装甲部队占领这个汽油供应站，那么德军的进展就会越来越快。

德军的装甲部队因汽油的供应问题前进的速度变慢。德军穿上美式军服，驾驶从美军缴获的汽车和坦克，开始在美军领地内疯狂穿梭，这便给美军造成了混乱的景象，并且遭到了严重的损失。

穿过被击溃前线的吉普车共有几十辆，其中，有几辆直接抵达了缪斯河。原来，这几辆吉普车正在执行希特勒的"狮鹫计划"。希特勒让他的士兵装扮成美国士兵，他们穿着的军服，驾乘的车辆等都是美国的。这小撮德军跟在美军后方进行宣传、破坏行动。他们这样做的目的是要占领兹河上的桥梁，向美军内部散布谣言，假传命令，给美军带来了恐慌，使得阵地上一片混乱。

化装成美军的一个小队长，起到了十分关键的作用，他几乎让整团的美军一同走向了错误的道路，而他们则一直进行剪断电线、更换路标等破坏行动。

有一车化装成美军的德军在被真正的美军盘问时，故意显示出很慌乱的样子，让美军也产生恐慌，之后便逃跑了。

美军布莱德雷司令部与北面部队指挥官的电话线被德军切断，这样一来，美军指挥部便得不到任何外界的消息了。

然而，让盟军震惊的是给他们带来最大破坏的是斯科尔兹内手下被俘获的四个人，美国的情报官从他们的口中获得了他们的任务，之后，美军官员立即通过广播向全体美军宣布，在后面，有上百个德军，他们穿着美军的制服，进行着严重的破坏活动，让盟军时刻地提高警惕。

但是让人万万没想到的是，斯科尔兹内敢死队遭到惨败，这样的惨败却给德军带来了很大的胜利。

在阿登地区，在满是荒芜的道路上，在浓密的树林中，还有在人烟稀少的乡村里，美国军队有近 50 万人都挤在了这些地方。他们的识别牌和暗语已经不能够证明他们的身份了。

在接下来的几天，美国宪兵截住了上万人的美军，他们必须回答自己的出生地在哪里，赢得冠军的是哪一支棒球队等，这样做是为了证明自己的身份，好肯定自己是美国人。

不过，一些真正的美国士兵，他们有不知道答案的或者是忘记了，这样就只能关起来之后再说了。

斯科尔兹内及其敢死队所造成的恐怖氛围已经达到了巅峰，巴黎人对其的恐惧已经到达了极点。一份报告中说，有一批穿着牧师和修女衣服的士兵在斯科尔兹内从天上下来。关于这件事，美国安保人员深信不疑，就连盟国远征军的最高统帅部也忐忑不已，他们甚至在四周都装上了铁丝网，卫队的人数也大幅度地增加，几乎增加到了原来的两倍。

艾森豪威尔办公室里电话也在没完没了的想着，一直追问最高统帅部是否活着。

到目前为止，德军在阿登战役中，一直处于主动的地位，而盟军却损失惨重。但盟军很快就稳住阵脚，准备要组织兵力反攻，就在这时，希特勒的一个错误决定把刚刚在战役中取得成功的可能性化为泡影。

在强大的盟军面前，德军只有选择撤退才能不会被盟军围歼，而希特勒不满足取得的这点成就，他不听任何人的建议，命令部队继续向前推进，到了 1945 年的 1 月，由于希特勒的错误决定，使德军遭受了惨重的代价，这时希特勒才让其部队迅速撤退。

从军事角度来看，德军的反攻很成功，希特勒不仅能够抓住敌人的弱点，同时还能集中兵力，给敌人以出其不意地反攻，夺取了战场的主动权。但是，反击旨在对敌人的突然袭击，要能够要审时度势，是进还是退要掌握好尺度。

在圣诞节的前两天，天气已经逐渐转好，英美空军看准时机，开始对德国供应线以及在狭窄的山路间行动的坦克和军队进行了猛烈地轰炸。希特勒于圣诞节前一天在阿登森林进行了转折性的一战，此时，德国的进攻已经注定是惨败的结局，在进攻途中，两翼所受到的压力远远超过了所想像的。

圣诞节当天，德军从凌晨3点就开始武装起来，向盟军发动了猛烈的进攻，然而，麦克奥利夫的守军岿然不动，顽强抵抗。巴顿率领装甲部队于第二天在南面进行了突破，以此来解救守军所处的境地，而现在，德军的两翼所遭受的打击已经令德军承受不了了。希特勒面临的问题是如何避免被切断和消灭。

但是他从未考虑过撤退，同时也不肯接受来自各个将领关于任何撤退的建议，仍然一意孤行，命令部队向缪斯河挺进，其中包括继续攻击巴斯托尼。不仅如此，他又命令部队向南方的阿尔萨斯进攻。

希特勒在元旦那天命令部队向萨尔地区进攻，还让海因里希·希姆莱率领部队进攻莱茵河附近的桥头堡，并希望能够占据此地。而德国将领们一致认为，海因里希·希姆莱是根本不能带领兵团的。这两个攻势都没有什么实质性的进展。在1月3号，德军的9个师的兵力开始向巴斯托尼进攻，但仍然没有取得成果。直到两天以后，德军对占领这一阵地的希望彻底的破灭了。

德军一直面临着危险，因为英美军队开始进行反攻。1月3号，反攻在北面开始发动了。1月8号，莫德尔率领其部队开始向后撤退。七天过后，正好是希特勒在做最后努力发动进攻的一个月，而此时的德军已经退回到他们一开始攻击的战线上。

这次反攻使得德军损失很大，德军伤亡人数以及失踪人数达到了 10 多万人，共损失了数百辆的坦克、重炮、汽车以及上千架的飞机。而这次美军的损失也很大，但是美军能够得到补充，而德军却不能得到。这次希特勒已经将所有的招数都用尽了。

这次的大反攻是德军在第二次大战中进行的最后一次。他的失败不仅加速了西线作战的失败，同时也给东线作战的德军带来灾难性的毁灭，由于希特勒的后备力量一直在阿登战役中作战，所以这样的后果很快就显现出来了。

德军现在面临着灭顶之灾，世界上反法西斯人民团结起来，攻向柏林。阔日杜布和他整个编队为了死去的兄弟，要多杀几个纳粹者，直捣希特勒的老巢。

阔日杜布愈战愈勇，敌人对于他的英勇也多了几份畏惧。这个时候一架德国喷气式战斗机登场了。这种飞机是德国的新兴武器，在二战末期才出现。喷气式飞机的特点是，突然出现，高速进攻，打完立即撤退，好似突然消失了一样。由于速度出奇地块，这种飞机根本不需要后半圈保护，也很难被对手追上。

这种飞机速度之快让阔日杜布很想见识一下，终于他等到了一个机会。1945 年 4 月的一天，阔日杜布在巡逻的时候发现了一架陌生的敌机，这是他从未见过的机型，而这架飞机正是喷气式飞机。很快，阔日杜布率领他的同僚转到了敌机的背后，此时，德国人只在盯住前方的敌机，根本没有发现敌机已经在他的身后，向他瞄准。也就在这紧张的时刻，阔日杜布同僚机先发制人，德国飞机惊慌不已。然而很不幸的是，很能耐的喷气式飞机却飞到了这位双料王牌的面前，阔日杜布当即开火，顿时，此前德国人一直喊着可能让战局发生转变的秘密武器就这样在空中盛放出了大大的红花。

随着德国宣布无条件投降，第二次世界大战也渐渐接近了尾声，根据后来的苏军统计，阔日杜布先后总共出动了 300 多次的迎战，100 多次的空战，击落了敌机共 62 架，他的这项记录占据了整个前苏联以及世界反法西斯的王牌飞行员的第一位，他再次获得了"苏联英雄"的称号。

1985 年是卫国战争胜利 40 周年，在此，前苏联最高苏维埃主席团授予伊凡·尼·阔日杜布空军元帅的军衔。这位出色的英雄、将领给我们留下了很深刻的印象。不管是曾经，还是现在，每当想起这位英雄的时候，战斗机的呼啸声似乎仍在耳边想起，他的战斗机似乎永远地在广阔的天空翱翔，守卫着自己心中的那片养育他的故土。

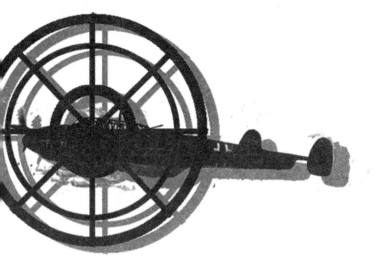

二战美国头号王牌飞行员
——理查德·邦格

二战美国头号王牌飞行员
——理查德·邦格

　　能够在宽广的天空无拘无束地飞翔，在我们今天看来是多么美好惬意的事情，但是在战火弥漫的战争年代里，美丽的蓝天被硝烟遮盖，失去了昔日的光芒和色彩，人们纷纷躲避着来自空中的战火，甚至开始对天空产生了恐惧，不愿再抬头仰望天空。可是，就在这样残酷的环境下，许多飞行员依然不顾生命危险加入了天空中的战斗，有的战士把一腔热血都献给了天空，对他们而言，那是他们一生的荣誉，是他们为之奋斗的目标，他们是蓝天中的英雄，理查德·邦格就是这些英雄中的一位。

　　理查德·邦格本是美国陆军航空部队的一名普通的飞行员，第二次世界大战期间，他驾驶 P-38 闪电式战斗机在太平洋战争中演绎了超凡的战斗技术——共击落敌机 40 架，这样惊人的记录使他成为美军的头号王牌飞行员。理查德·邦格凭着他高超的空中作战技巧以及有着谦逊的、稳重的性格，使他成为了美国人的公众的偶像，这个长着娃娃脸，顽皮胆大，而且看上去有些散漫的青年人被美国人称为"无畏和无懈可击"的完美勇士。

　　所谓"英雄不问出身"，无论是生在贵族世家还是乡野陋巷，一个人能够成就一番事业始终和自身的努力是分不开的。1920 年一个平凡的日子里，理查德·邦格出生在美国威斯康星州的波普拉城，他是家中的长子，从小受到父母的疼爱，他的父亲是在少年的时候从瑞士迁居到美国来的，他的母亲有着英国的贵族血统，虽然邦格是在一个非常优越的家庭环境下成长起来的，从小受到良好的教育，有着深厚的爱国热情和崇高的人生理想，但邦格的成功更重要的是取决于他自身对理想的执著追求。

幼年时期的理查德特别地顽皮和机灵，在校园里他是个公认的优等生，受到老师和同学们的欢迎，聪明伶俐的小理查德爱好非常广泛，他热衷于体育运动，经常在课余时间参加各种比赛，他还是钓鱼高手和猎手，最重要的是邦格在很小的时候就开始迷恋蓝天，能够驾驶飞机在蓝天上像鸟儿一样自由的飞翔是他从小的愿望。后来，在邦格回忆的时候曾提到："只要有飞机从我家的上空飞过，我就坚信在以后我会成为一名飞行员。"然而小孩子好奇心很强，总是会有这样或者那样的愿望，这都是很寻常的事情，所以，小理查德的心愿并没有引起他父母的在意，在他们的眼里，理查德只是一个顽皮得不能再顽皮的，让人头疼的小家伙。但是，这个小家伙却并不是说说而已，在成长过程中，他从未放弃过儿时的梦想，他花了大量的时间在航空模型上，并且对飞行方面的知识非常认真地研究学习，这些都为他以后的航天飞行事业打下了坚实的基础。

每个人的成功都离不开自身坚持不懈的努力，当然努力的同时也要学会抓住机会，学会正确地选择与放弃。1938 年，理查德·邦格以优异的成绩结束了高中的学业，进入了国家师范学院学习。但是不久战争就爆发了，美国虽然投入了大量的战斗力应战，但是随着战争的逐渐扩大，必须要增加更多的后备力量来支援前线，当时美国不仅加快造舰的速度，为了建设一支拥有作战飞机的陆军航空兵，增加了陆军拨款。

为了响应国家的号召，二十一岁的查理德毅然放弃了自己的学业，

二战英雄的故事

怀揣着儿时的梦想决定加入了飞行训练的队伍，能够有机会实现梦想又能够报效国家，这对年轻的理查德来说是多么值得期待的事情，入伍的前一天晚上，他兴奋得一宿睡不着，脑海里一直是他穿上军装翱翔蓝天的情景。第二天一早，理查德觉得天空格外的蓝，太阳照得明亮而温暖，他抬起头微笑着对父母说："我一定会成为一名优秀的飞行员的！"就这样理查德从一名师范学院的学生变成美国陆军航空队中的一员，开始了他的飞行事业。

刚到美国陆军航空队时，理查德参加的是一些普通的飞行训练，只是在老式的双翼飞机上进行的，这是飞行的基础，理查德学得很认真。后来他被调转到位于亚里桑那州的靠近凤凰城的鲁克基地学习，参加了高级的单翼战机课程，在那里，邦格的飞行天赋被挖掘出来，他得到了射击教练巴里·高德沃特赏识，他把自己所有的射击技巧都教给了理查德，希望他尽快成长为一名优秀的战士，他曾经赞赏理查德："我教他武器射击，他学得非常认真刻苦，是一个成绩突出的学生……"在战斗机训练基地中，其他飞行员同样对理查德的成绩非常佩服，一个 P-38 检测飞行员说："在我所见到过的空中飞行员中，理查德可以说是最有天赋的，在训练过程中，我几乎无法摆脱邦格的尾追，就连在飞老式飞机时也很难摆脱"要知道，一旦被对方从后面咬住，就很可能被对手击落。在训练基地，邦格进步飞快，学到了他一生都受用的飞行和射击技巧。

凭借自己对航空的喜爱以及自身的飞行天赋，邦格很快地就获得了私人飞行的执照。虽然他进步很快但却一直虚心学习，从未松懈，在成功完成了 4 个月的训练之后，邦格被调往哈米尔顿基地，在那里他接收的是 P-38 "闪电" 型战斗机，并且得到了治·肯尼将军的赞赏，正所谓"是金子，在哪里都会发光"。邦格的飞行天赋是他身上一道无法隐去的光环，时刻照耀着他。不久，邦格正式服役于威斯康星州的沃萨，为了让他的飞行天赋得到提高，邦格被送到加利福尼亚的郎金航空学院学习飞行，开始了进一步的学习。

经过一年的艰苦训练，理查德于 1942 年的 1 月从航空学校毕业。在学习期间，邦格并没有像其他人那样认真、踏实的学习航天知识，好好的享受梦想实现的乐趣。反而成为了学校里最有名的不服管教、调皮捣蛋的范例。在校期间，也正是由于他是一个非常顽皮、大胆还不守纪律、惹是生非的学生，使他获得了一个"坏小子"的绰号。但是理查德对飞行的热爱依旧，他从小就喜欢飞行，凭借着良好的空间感觉和反应的灵敏，邦格能够很轻松地完成飞行时的复杂动作，这使他在学校期间是一个非常优秀的飞行员，大家也都很喜欢他。

就在毕业前的一天，邦格还制造了一起不小的麻烦。他在没有经过允许的情况下，驾驶一架新型的 P-38 战斗机，肆无忌惮地在旧金山上空进行个人表演。一时兴起的他还令这架飞机一头扎向水面，然后，迅速地从旧金山的象征性建筑"金门大桥"的桥墩下钻过去，如此惊险的表演惹得周围所有的旁观者都惊呆了，不敢相信所看到的一切。随即他又飞回到旧金山的闹市区内，在大街的上空骚扰来往的行人，惹得人们高声尖叫。这样的举动令他整个人都变得更加兴奋起来。之后，邦格又返回到陆军航空队的司令部，在那里，他不顾上司的脸面，围着司令部的办公楼一圈一圈地飞行，没有停下来的迹象，一些好奇的女职员都挤到窗户前想要看个究竟，邦格在飞机内看见后竟然还对她们打招呼。邦格就是这样的一个顽皮到了极致的坏小子，即使他自己也很清楚这样的举动一定会让上司对他不满，甚至使训诫。

邦格的飞行天赋和他对飞行所做的努力得到了许多将军的赏识。但俗话说"千里马常有，而伯乐不常有"，如果说邦格是一匹难得的千里马，那么乔治·肯尼将军无疑是邦格生命中最重要的伯乐，邦格的成功离不开肯尼将军的帮助，在他的栽培下，邦格从一名飞行学院的学生逐渐成长为一名飞行勇士。

在邦格毕业半年后，发生了一个重大事件。美国素有"战狼"之称的军事名将——道格拉斯·麦克阿瑟上将经过深思熟虑之后，给乔治·肯尼将军下了这样一道命令：将第五航空队调往西南太平洋，并在那里长久地驻扎下来。乔治·肯尼将军随后在哈米尔顿基地挑选了50名P-38飞行员，并前往澳大利亚，这50名飞行员中就有理查德·邦格。一开始邦格被分配到第九战斗机大队，并在澳大利亚的博瑞斯巴纳停留下来，之后，被编入第39团附属的第35战斗机大队，被派往新几内亚的莫瑞斯比港。邦格在那里度过了两个月的空中巡逻生活，一切相安无事。在那里，邦格并没有停止对飞行的学习，他在巡逻之余钻研了许多飞行方面的理论知识，他不断让自己丰富起来，这样无论在硝烟弥漫的战场，还是岁月静好的年代里，都能够从容地面对生活中的考验。

邦格正式地加入到了激烈的太平洋前线当中是在1942年，那是邦格能够充分施展他的能力的地方，他的使命才刚刚开始。12月末的一天，对于隶属于第五航空大队的理查德·邦格来讲这是值得纪念的一天，因为在这一天邦格第一次驾机升空作战，并迎来了他的第一次胜利，他击落了两架敌机，这对一个新战士来讲是非常令人惊叹的成绩。

那天，美国在莫尔兹比基地共起飞了12架P-38飞机，在5000多米的高空中，美国飞机遭到了日本30多架飞机的围攻袭击。在这样的情况下，队长林奇下令，将飞机上的副油箱全部抛掉，朝敌机的方向飞去，之后便展开了一场混战。邦格第一次参加作战，第一次看见日本的飞机，并且数量如此之多。邦格被眼前的一切惊住了，他几乎不知所措，不知该怎样出击，但是这样的空白没有持续多长时间，邦格镇定精神，不停地勉励自己说："怕什么，我一定能行，我一定能打败你们!"就这样，邦格很快回过神来，所有的技术要领也清晰地回到了他的脑海中。

就在这个时候，日本的一架飞机来到了邦格前方不远处，他立即驾驶飞机紧追过去，然后锁定目标，发射，敌机便歪斜地飞了一段时间后坠毁了。之后，邦格又击落了一架敌机。第一次参加正式的战斗就有击落两架敌机的战绩，邦格自己也感到非常高兴，恨不得能够跳起来，挥舞着双手大声的高喊一番。邦格的出色表现，使乔治·肯尼将军很是欣慰，并且认为邦格这个年轻人将会成为美国的头号王牌飞行员，在太平洋战场上发挥才能。

有了第一次的实地战斗经验，邦格很快便成熟起来，在随后的几次战斗中他便向人们证明了他的实力，他长期的训练使他掌握了精湛的技术，在几天后的一场战斗中他又不负众望地击落了一架 KI—43（OS-CAR），这是他的第二个战绩，邦格逐渐掌握了战斗技巧。在短短的 10 天之内，他共计打下三架飞机，屡战屡胜的邦格，顿时成为了美国空战的王牌飞行员，他的作战技术是同期参战的飞行员所无法比拟的，所有人都开始对邦格刮目相看，但邦格的成绩才刚刚开始，还有更激烈的战斗在等着他。

随着太平洋战争愈打愈烈，西南太平洋所罗门群岛中最大的岛屿——瓜达卡纳尔岛便成为美、日两国在南太平洋上争夺的焦点。瓜达卡纳尔岛属于热带地区，气温相对较高，天气经常是潮湿有雾，热带雨林很难透风，面积要比美国长岛大很多。而且岛上多是山，山上是葱绿的树木，沟壑纵横的地形，海岸线十分曲折，水流也很急。即使这个小岛几乎无人居住，但是它确是控制所罗门群岛及其附近海域的一把至关重要的钥匙。

日本海军也同样认识到瓜岛的重要性，于是在 1942 年 6 月底日本海军派遣工兵部在这里修建机场，工期将近两个月。

1942 年 8 月初，就在日本瓜岛机场刚刚修建好的两天后，美舰载机接到了进攻命令，纷纷从航空母舰上起飞。他们采用了"无畏"式俯冲轰炸机对瓜岛和图拉吉岛进行了猛烈的攻击。随着空中轰炸和海面炮击的声响，把一直沉睡的瓜岛给震醒了。一时间，瓜岛上空已经浓烟四起，潜伏着更大的危机。

进攻瓜岛的美军进展很顺利，攻击部队劈波斩浪，势不可挡。美军部队很快穿过了阴森恐怖的洋面，驶入瓜岛。为数不多的日本工兵无论从人数还是战斗力上都不是美海军陆战队的对手，到 8 日下午，美军已经顺利地夺取了瓜岛机场。

日本法西斯战将山本五十六得知美军在瓜岛登陆的消息后非常气愤，很快他下令调集兵力，要与美军进行决战。在长达半年的时间，由于瓜岛上空气潮湿闷热，疟疾很快在瓜岛上流行起来，也是在这种情况下瓜岛和其附近的水域成了美、日争夺的战场，战场上是一片残酷厮杀的场面。

太平洋战争于 1943 年 3 月进入白热化的阶段，美军开始了全面反击。4 月中旬，日军在拉包尔起飞，向南进攻，在 90 多架的战斗机的掩护下，日本的水平轰炸机和俯冲轰炸机开始向美国舰队进攻，在这次作战中，邦格很快击落了敌人的一架轰炸机，这样他的战果已经上升为 10架，之后，邦格接到指令让他在很难返航的 500 海里处，进行远距离的轰炸。残酷激烈的争夺战令人毛骨悚然，惊心动魄。

山本五十六派出的日军战机在瓜岛上空遭到了美机凶猛的拦截。美军瞄准日军的战斗机不停地发射炮弹。这时，先是日本的飞机被击落，带着滚滚浓烟向太平洋海面上掉去，水花被激起，溅到岸边。顿时，海洋上面出现了浓烟和火。接着，又是"轰"的一声巨响，又一架日机被击中了，顷刻间，天空上出现了一个大火球，飞机的残骸在燃烧的情况下，碎片落到了瓜岛上。激烈的战斗持续了很长时间，美军取得了此次战役的胜利。而负责此次空战的主要飞行员当然是我们的英雄理查德·邦格，邦格又一次大显神威，与日军进行空中搏斗，他看着日机一架架被击中，心里也越来越镇定，经过这次空战，邦格的战绩扶摇直上，这使得他成为了美国的头号王牌飞行员，并获得了空军章。

1943年7月26日夜，美军遭到日军的突然袭击，瞬间，晃晃荡荡的探照灯光将沉睡的夜空惊醒，仿佛有满天的轰炸机在空中盘旋，震耳欲聋的高射炮声接连不断……河岸上已经是火苗四起，在岸上蔓延开来，火势越来越旺。在这紧急的时刻，沉着冷静的邦格带领他的队友升空迎战，凭借他超强的飞行和射击技术，很快日方就失去了优势，邦格首先击落一架主力敌机，敌机冒着黑烟在夜空盘旋了几秒钟后便一头栽了下去，随后邦格又击落了三架敌机。这次空战后，邦格获得了著名服务十字勋章，荣誉的光环又一次戴在他的头上。

我们的英雄也有失误的时候，在7月28日为轰炸机护航的时候再一次发生了空战，由于准备不够充分加之那天的天气十分不利于飞机的飞行，邦格没有注意到敌机正从他的右后方逼近，邦格的飞机被击中了，邦格觉察到敌情时已知道情况不妙，马上跳了伞，成功返回。虽然这次事故并不完全是邦格的责任，但他还是深刻反思自己的不足，总结失误的教训，在以后的战斗中，再没发生过这样的情况。

渐渐地，由于在新几内亚的日军失去了军事上有利的因素，于是，空战的节奏也缓慢下来，邦格不像其他地方战绩显赫的人那样每次出击都会击落很多架飞机。即使这样邦格的战绩也在继续地增长。到了 7 月末，他已经击落敌机 16 架，是第五航空队的顶尖杀手。

查理的在 1943 年 11 月的时候完成了第一阶段的战斗任务，此时他已经击落了 21 架日机，这些辉煌的战绩也只是他在 158 次升空作战中取得的，他当时已经是第 5 航空队的头号王牌。事业上的成功让邦格体会到了人生的美好，他更加积极地面对生活，在他得知自己得到了回国度假的机会时，高兴得像孩子一样拥抱他的战友们。

在回国休假期间，邦格尽情享受着亲朋相聚的快乐。他除了陪伴他的家人外还经常和朋友们聚在一起，绘声绘色地给他们讲述各种战斗的场面，朋友们都睁大眼睛聚精会神地听着，仿佛亲临战争现场一样紧张，讲完之后邦格也不忘再讲一些他生活中发生的有意思的小事，好使朋友们能从战斗场面缓过神来。在朋友们的眼中，邦格既是可敬的英雄又是可爱的朋友，大家都非常喜欢他，时常约他出去，邦格也不拒绝，年轻的他想趁着休假期间好好放松放松，令他没想到的是，这次回国休假他遇到了一生中最美好的爱情。

一天早晨，朝阳燃烧着晨雾，一片金光，照得人心里也亮堂堂的，大家心情都格外地好，他和朋友们又聚在了一起。但这次他的一个朋友带来了一位漂亮的小姐，介绍过后邦格才知道她是朋友的妹妹，名叫麦考莉，由于听他哥哥经常提起邦格，小姐早已非常仰慕这位飞行英雄，终于有机会见到邦格还听了邦格讲的故事，小姐很快就爱上了年轻帅气的邦格，这之后她经常来听邦格讲故事，与此同时，邦格也注意到了这位漂亮温婉的麦考莉小姐并深深地爱上了她，但腼腆的邦格不好意思向小姐表白心意，只好托朋友帮忙。在朋友的帮助下，邦格终于如愿以偿地与麦考莉小姐订了婚。

由于这是邦格第一次体会到了爱情的滋味，幸福的感觉一直包围着这个年轻的小伙子，他难以抑制激动的心情，逢人就将他的幸福与人分享，还时常拿着小姐的照片傻笑。时间过得很快，邦格返回了部队。为了给自己以极大的鼓励，他将麦考莉小姐的肖像扩大，贴在了自己P-38飞机的左侧，在麦考莉小姐肖像的后面，有邦格击落敌机的数量，此外，还贴着他获得的很多的太阳旗标记，战友们都笑他痴，邦格仍旧可爱地傻笑，此时的他沉浸在幸福中。在邦格的心中，爱情和事业都是那么的神圣与美好，这个年轻的小伙子充满了热情。

邦格很快结束了休假回到了太平洋战场，此时的太平洋战争仍激烈地进行着。连续不断的密集的枪声夹杂着炮弹的轰隆声，震动着天地，漫天的硝烟让人分辨不清方向。战争的形势不容乐观，美军采用的多种策略来对付疯狂的敌军，这一次邦格被派往第5战斗机大队，辅佐汤姆·林奇的指挥，林奇也是当时美国飞行员中的王牌，为了让这些王牌飞行员能够充分发挥他们的能力，肯尼将军将他们组合在一起，并命令他和林奇可以灵活作战，这使邦格不再受束缚了，他开始放开手脚地去做，他的战绩也逐渐上升，同时，他和林奇也经常双击出击，他俩的组合成为美军在太平洋上空的战场上最强的王牌组合，其他的飞行员都纷纷向他们请教作战技巧，但是再完美的组合也有失误的时候。

1944年3月8日，理查德·邦格遇到了最恐怖的空中作战，那天，风刮得特别的大，空气混浊，可见度非常低，飞机很难掌控。随着一阵风朝着邦格和林奇的飞机横扫过来，一架敌机也猛扑过来，但邦格和林奇都没有发现危险的靠近，不幸林奇的飞机被击中，很快着起火来，大风

二战英雄的故事

161

将火苗吹得东倒西歪，随着一声震天动地的响声，飞机发生了爆炸，林奇不幸遇难了，当时已有 20 个战绩的王牌飞行员牺牲了。

失去了战友的邦格非常悲伤，但是残酷的战争似乎连悲伤的时间都没留给他，战斗越来越激烈，邦格时刻不能松懈，他振作精神继续作战，为逝去的战友报仇，很快，他又获得了 4 架敌机的战绩，到了 1944 年 4 月中旬，理查德·邦格已经击落敌机 27 架。在美国，一战时期的头号王牌——里肯巴克，一直被美国人称为"超级英雄"，然而，长江后浪推前浪，这时的邦格却已经超过了他。因为在一战中创下的击落 26 架飞机的最高战绩，里肯巴克被提升为少校，从那以后，他成为了美国家喻户晓的英雄人物。他在战绩卓越的时候，收到了肯尼将军和阿诺德上将的祝贺。然而就是这样一位王牌的记录也被理查德·邦格打破了，邦格成为美国人心中名副其实的王牌飞行员。

由于邦格的出色成绩，他于 1944 年 5 月 3 日又被召回国，他在五角大楼作了报告，并参观了议会，还同议员们共进午餐。之后他开始在一些基地访问和讲演，荣誉的光环一直照在英雄的头上，但是邦格并没有因荣誉而忘乎所以，他牵挂他的父母和他的弟弟妹妹，但由于忙于工作很长时间都没见面，在他回国这段期间，他利用闲暇的时间去了巴巴拉，在那里他参加了父母 25 周年的结婚纪念，邦格的父母看着出人头地的儿子高兴得合不拢嘴，弟弟妹妹们高兴地拉着哥哥的手要他讲战争故事，让家里人更是高兴的是，邦格还清了他们欠农场的债务，解决了家里的经济困难，在父母的面前邦格是一个懂事孝顺的孩子，在弟弟妹妹面前他是一个令人敬佩的兄长。但是邦格已是一名成熟的战士，他深知国家的安定才能有千千万万个家庭的幸福，战争还没有结束，他必须远离亲人回到需要他的战场。

邦格于 1944 年 9 月 10 日返回南太平洋战场并向肯尼将军报告，这时的肯尼已经成为远东空军司令，这次安排他做基地的射击教练，并不让他继续飞行是因为国家为了保护这些王牌。但邦格总也闲不住，他常常找借口升空作战，挑战禁令，指挥官多次劝说也管不住他，这使得邦格的纪录不断地刷新。荣誉并不能阻碍理查德不断向前的脚步，只有告别成功，才能永不止步。

1944 年 10 月，美军向巴理克佩番的炼油厂发动进攻，邦格又忍不住驾驶飞机迎战，邦格驾驶的飞机刚在天空中出现，美军飞行员的气势就仿佛增加了一大半，这一战双方都派出了大量的飞机应战，"轰！轰!"的声音响彻云霄，在邦格的带领下，日军损失了 60 多架飞机，而邦格自己在战斗中就击毁 2 架战斗机，这时他的战果已经增加到了 30 架，美军大获全胜，在返回时，所有战士们都唱着胜利的凯歌，肯尼将军亲自到机场迎接他们，他亲切地握着邦格的手询问战斗情况，当然也不忘了关心他的生活。

这次之后，理查德·邦格应招回国培训新飞行员。训练期间，他没有任何私心地将自己在飞行和射击方面所获的心得告诉给新的飞行员，同时，他将美、日的飞机进行了对比，分析了日军各种飞机的特点和采取怎样的进攻方式以及进行防御措施。即使这样忙碌，邦格也没有忘记提高自己的作战技术，希望能够重返战场。但是，太平洋战局已经很明显了，美国不想因为在胜利之前失掉这些非常优秀的人才，所以不准理查德再参战，而是让他继续当教练，可是，理查德不甘心，他偷偷地返回了太平洋战场，又加入了空中作战，邦格的战斗激情再次被点燃，仅两天时间他就击落了敌机 3 架，也正是由于他这种出色的成果，使他获得了一项特权，就是以后他可以不必请示批准，就能够随时参加战斗，没有任何阻拦。

　　邦格获得的战果到了 1944 年 11 月的时候已经上升到 36 个，于是肯尼将军向上级推荐他获荣誉勋章的事很快就得到了批准，到了 12 月中旬，美国历史上最杰出的头号王牌飞行员诞生了，他就是理查德·邦格，麦克阿瑟司令在授勋仪式上为他亲在佩戴了勋章，在场的所有人都为邦格热烈地鼓掌祝贺，邦格也异常激动不知该说什么才好。麦克阿瑟将军在为邦格颁授勋章时，曾这样评价他："理查德·邦格，控制整个在新几内亚到菲律宾之间上空的人。"记着拍下了这个有历史意义的过程，但仪式一结束，邦格就就不知所终了，原来他早已悄悄地离开这里，走向食堂，这位腼腆的大男孩是因为太紧张才偷偷溜走，在战场上叱咤风云的英雄也有如此害羞的时候。

　　1944 年 12 月中旬，邦格已经获得了第 40 个战果，个人书写了美国空军最辉煌的一笔。那次的战斗和以往大规模的战役相比简直是不值一提的，所以战友们都觉得不需要邦格亲自出战就完全可以取胜，可是邦格却执意要和战友们一起战斗，那天，驾驶飞机升空作战的邦格似乎格外英姿飒爽，仿佛是要完成一个特殊的使命，每一个飞行的动作，每一次射击技巧都显得那么完美，似乎那不是一场战斗而是一次完美的飞行表演，战斗结束后，战友们激动地将邦格抛向空中。

　　在理查德·邦格所有参加过的战斗中，每一场似乎都那么精彩绝伦，犹如一场场精彩的飞行表演，征服了所有的人，人们都希望精彩能永远继续下去，但这次以后，邦格没有再参加升空作战，他以出色的表现给自己的战斗生涯画上了完美的句号。战争快要接近尾声了，肯尼将军准备让邦格回国，还有更加重要的事等着优秀的邦格去完成，美国人民需要这样一位优秀的战士。

1944 年 12 月末，肯尼将军命令邦格立刻回国，邦格虽舍不得离开他的战友，不想离开战场，但不能违背命令，必须马上准备回国。肯尼将军赠给邦格六听可乐，并让他将一封信转交给阿诺德上将，希望他的爱将在国内可以有更好的发展，临行前，肯尼将军对邦格说："理查德，再见，希望我们不久以后便能见面，带我向你父母问好！"但是，让人没有想到的是，这次竟然是肯尼将军与邦格的诀别。

邦格在 1944 年的除夕回到了美国，他的英雄战绩早已被美国人民所称颂，邦格成为了人们心中的大英雄。1945 年 8 月 6 日，这一天是非常残酷的，美国在这一时间向广岛投下了原子弹，当时理查德·邦格正在驾驶美国新型的战斗机进行试飞，但没有想到的是，飞机的发动机出现毛病，很快飞机就坠落了，虽然邦格已经跳伞，但是伞衣却没有打开。结果，一位战功赫赫的王牌飞行员就这样牺牲了，仅仅 24 岁，再过 95 天就是邦格 25 岁的生日，可是过了两天，他就被埋葬于巴巴拉公墓，很多人听说邦格牺牲的消息后都非常悲痛，纷纷赶来为他送行。1945 年 8 月 6 日，也就是邦格牺牲的 9 天后，他的战友们就接到了日本无条件投降的消息，人们不会忘记邦格为这场战争所付出的努力。

一个王牌飞行员就这样消失在他热爱的蓝色苍穹里，也许是他对天空过度的热爱而想永远留在那里，也许是天空对他过度地钟爱而永远地留住了他。邦格就这样飞上天空再也没有回来，他将永远在那里自由自在地飞翔。

理查德·邦格的一生虽然短暂，却拥有了世间许多珍贵的东西：善良的家人的关心，美丽的麦考莉小姐的爱，朋友和战友们的喜爱，上司们的器重。理查德·邦格虽然一直被人们称为"坏小子"，但是他也得到了很多人的好评价，说他是一位"看似平凡确是非常出色"的好飞行员。

乔治·肯尼将军曾给了邦格很高的评价："我们不仅仅是喜欢他，他的成就让我们看到了希望，他是我们的骄傲。当我知道他的死讯的时候，他的战果一幕一幕地浮现在我的脑中，在战争史上邦格是一位出色的王牌飞行员，他的记录将永远地保持，在今天拥有的武器当中，以后的战争是不会有人能够超越击落敌机40架的……他的战友不会忘记他，他的国家也不会忘记这个了不起的王牌飞行员，他的事迹将会鼓舞着成千上万的新的飞行员和正在战斗的飞行员，无论在什么时候、什么地点时刻检验着作为自由人的思想言行。"理查德·邦格以他惊人的成绩和优秀的人格魅力赢得了人们的喜爱。他的一生都献给了飞行事业。

理查德·邦格一生虽然很短暂，但是却获得了很多荣誉勋章，著名的有：一叶银星勋章、六叶飞行十字勋章、菲律宾解放勋章、一枚银星太平洋战役奖章、澳大利亚飞行十字勋章等。这些荣誉见证了邦格的一生为理想而做的努力，每一个荣誉的背后都是一个精彩的空中激战，每一场战斗都如一首嘹亮的歌在邦格年轻的生命里回荡着。

战争结束了，许多英雄在战争中付出了生命，他们的赫赫战绩不会随着时间的流逝而消失，他们的精神永远激励着后人。美国为了纪念这位二战中王牌飞行员，将一座飞机场以"理查德·邦格"来命名的，在他的家乡巴巴拉中学也建立了一座邦格纪念馆，理查德·邦格虽然不幸牺牲，但是他的名字将永远留在人们的心中。

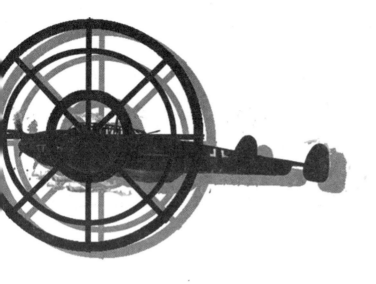

蓝天上的痕迹

蓝天上的痕迹

战争中的蓝天并不蓝，硝烟依旧弥漫，肆虐的触角竭尽全力的充斥着每一个角落，乌云越发变得幽静深邃。可就在这片无法预料危机的领空上，有一只翱翔天际的战鹰，经历烈火的洗礼，劫难后重生，让敌人闻风丧胆。在前苏联的卫国战争中，他出生入死，多少次命悬一线，他歼敌无数，多少次勇往直前；他睿智沉稳，多少次峰回路转。

在战争的四年中，他战斗起飞六百余次，参加空战一百多回，个人击落德国法西斯的飞机上百架。当他的飞机翱翔于天空时，德国法西斯就会通过无线电向他们的空军部队发出警告："一定要小心，波克雷什金的飞机在空中！"是的，这个伟大的人物就是亚历山大·伊·波克雷什金，他是苏维埃空战的战术之父，他曾三次获得"前苏联英雄"的称号，这份殊荣，他当之无愧。

这是 1913 年 2 月，冬装还没有卸去，大地上依然是银装素裹。在这个白雪皑皑的日子里，冬天睁开了它惺忪的眸子，俯视着这个前苏联新西伯利亚的小城。

太阳的光线，透过洁净的空气，挥洒着暖意。一个普通工人家庭里，在父母的眼睛中，写满了企盼，亚历山大·伊·波克雷什金诞生了。虽然他是在贫穷而又艰苦的生活环境中出生，但是在父母爱的羽翼下，无论是身体上还是心理上，小波克雷什金都得到了健康的成长，他的童年是幸福的。

他那双大眼睛好奇地打量着外面的世界，在潜意识里已经形成了自己的认知，在未知的世界里他似乎对每件事物都充满了新鲜感，执著的小脑袋不会放弃一丁儿点疑惑的地方，总是刨根问底，直到问题弄个清楚明白。只要是哪一项稀奇古怪的东西引发了他的求知欲，他就会全神贯注的投入，研究个水落石出，柳暗花明。

学校，是他追求光明的殿堂。在这座殿堂里，追求成功的人能看到灯塔的光亮，能找到希冀的方向。蜿蜒的知识阶梯耸立着，淘汰了不知多少半途而废的人，让很多人望而却步。小波克雷什金却拾级而上，孜孜不倦的学习着，缠着老师追问着不懂的地方，甚至有些问题老师也并不能给他解惑。

凭着勤奋和坚持，年少的波克雷什金已经在班级里学习上遥遥领先了。其他的同学与之相比都无法望其项背。他的家里很贫穷，但是贫穷不是学习落后的理由，因此他激励自己：尽管现在买不起饭馆里的一个汉堡包，但是仍然能够创造一个奇迹。

他是老师眼中的骄傲，但也是老师头疼的对象。当然，一个停滞不前的人，是不会撞到难墙的。波克雷什金经过无数次拒绝的磨炼，已经有了化解拒绝的技巧。在提问时，也总是能变着法从老师那汲取知识。最终，亚历山大·伊·波克雷什金以优异的成绩为他中学时代画上了圆满的句号。

父母是明道理的人，他们都希望儿子能多学到些知识。他们知道知识有多么重要，无情的现实生活却不允许他们这样做。困窘的家境已经负债累累，根本无力再让他继续读书，但这相对于普遍不重视教育的下层社会来说，小波克雷什金也应该知足了。毕业后，他当了钳工，繁重的劳动，让他深感疲惫，但依旧没有放弃学习，只要一有时间，他就会努力的记忆一些东西，来充实自己的大脑。

时下，国际上风云动荡，阴晴不定，法西斯势力迅速膨胀，蠢蠢欲动。

许多优秀的德国军人都崇尚日耳曼高贵的血统，服从命令是军人的天职，结果顺理成章的被希特勒利用了。也有很多为成就一己私欲的人，也不可避免的受到蛊惑，纷纷加入法西斯的阵营中。

深爱祖国的波克雷什金这时候已经深刻的认识到，一旦战争爆发，自己的祖国在这场世界性的灾难中，也不能安然无恙的全身而退，学知识固然可以改变人的思想，但是面临这种情况，任何一个有志之士都会为国家贡献自己的全部力量，于是在1932年，波克雷什金毅然决然的参加了队伍，并开始学习航空技术。

一直以来的良好习惯让他受益匪浅，不甘人后的他总是用一切可能的时间汲取知识，为自己积蓄力量。在这里学习并掌握了很多飞行的技能，而且还有很多是别人听都没听说过的。他曾为了研究飞行的特技而废寝忘食，他曾为了实现心中的想法做了无数次的飞机模型，在无数次的不尽如人意中他总能坚持不懈，直到做到心满意足为止。

在学校中，他的想法，以及改造好的飞机模型多次被采用而付诸到实践，在真实的演练场中试飞，在那个时候，他就已经是学生中一颗令人瞩目的"空中之星"。

老师们深信未来的某一日，天空中终会划过他绚烂的身影，已经是毕业并在军队中有所作为学长们也看到了这个品学兼优，富有创意的学弟，他们知道蓝天上，总会有一个轨道因他而精彩，而波克雷什金也坚信：在蓝天白云间自由穿梭的日子不远了，自己的满腔抱负一定会实现的。

终于这一天，他毕业了，到了列宁格勒。为了得到进一步的提高，他又就读于卡钦飞行指挥学校，在校期间，虽然训练非常苦，但是他没有气馁仍然认真学习飞行，同时，他还总是研究出一些非常高级的动作，人们便称他为"怪点子"。但这使原本就已经很劳累的他更显疲惫，可在精神上他依旧神采奕奕的投身到一个又一个的实践演练中，在这日复一日的锲而不舍中，波克雷什金在飞机的驾驶技术上和思想上都得到了飞跃，在前人的总结上又添加了自己的认识，这使他形成了自己的一套理论。

在他刚参军的那一年，皑皑的白雪上开始有了猩红的印记。大大小小的战争逐渐变得频繁，法西斯势力在欧洲大地上肆意妄为。

关注国际大事的他了解到，在西方富饶土地上，垄断资本家会议在杜塞尔多夫正式召开，希特勒的时代就要来临了。希特勒在垄断巨头蒂森主持的会议上发表了长时间的演讲，道出了德国法西斯纳粹党实行的反动纲领。垄断资本家们将全部的希望寄托在了希特勒身上，，希特勒根据反动纲领提出，要彻底取消德国劳动人民的民主权和自由权，他认为实行民主是"愚不可及的原则"同时也是"具有破坏性的原则"。希特勒又说道，德国纳粹党"作出了非常坚决的决定，德国马克思主义必须要彻底地被消灭掉，不准工人阶级策划革命运动"。他向与会者保证，他会运用国家一切力量来改善现在的经济状况，也就是帮助垄断资本家获得更多的利润。

希特勒提出使用武力夺取政权的对外政策纲领，并利用被奴役国家的人力、物力以及工业等为德国谋取利益。希特勒还说："想要解决我们生存空间问题，就需要我们能够将整个民族的政治力量积累起来。不管我们现在争吵军队的数量有多少，这都是不值得争论的问题，而事实上我们的军队已经达到了八百多万。"这八百多万军队将会为我们的"生存空间"战夺取更多的利益，而对资本家而言，他们将会获取令人惊讶的巨额利润。

但在波克雷什金看来，当战争的导火线被点燃，那么，一切的承诺都会付之一炬，生命和财产都会受到威胁，面对残酷的战争，它们是那么的脆弱，又怎是一己之力可以保全的呢？

德国垄断资本家的心早剧被希特勒的话所征服了，他们在希特勒的蓝图中看到的是巨大的利益，这让他们蠢蠢欲动。从 1932 年 1 月开始，希特勒及其主要党羽们频繁地与一些重工业巨头进行会晤与谈判。之后，垄断资本家与德国纳粹党一拍即合，并很快在执掌政权的问题上达成了协议。

德国社会民主党右翼希望希特勒上台之后，能够给他们带来更大的投资机会，正是在这种思想的作用下，希特勒的执政道路也变得平坦起来。在他们的协助下，德国工人阶级的革命力量被削弱了，同时反动派还提出了选举兴登堡或希特勒为总统，而德国的共产党也提出了："选举兴登堡无异于选择了希特勒，两者之间存在密切的裙带关系，无论是哪一方当选，那么，我们离战争也不会久远了。"

终于，1932 年 7 月 31 日，以希特勒为首的纳粹党参加了国会选举，并取得了胜利，纳粹党成为了议会的第一大党。在国会议长官邸中，纳粹党曾多次在此进行秘密会谈，出炉了很多的阴谋，操控阴谋的家伙们最终如愿登上了执政舞台。

这也许是世界的悲哀，波克雷什金深刻的意识到这个野心膨胀的阴谋家不会停止他的阴谋，这个恶魔不断延伸的触角会伸向哪里？想到这里，他戛然而止，他不敢再去想像。

希特勒"滔滔不绝"的演讲蛊惑了人心，在他规划的蓝图中，人们看到的是巨大的利益，这使一些人逐渐迷失了本心，在金钱与名誉的两股作用力下，功利主力开始在社会中盛行。许多人在迷梦中尚未清醒，就已经跌宕在法西斯的漩涡中，这其中不乏杰出的军事指挥家，还有波克雷什金所崇拜的陆上军官海因茨·威廉·古德里安。

被德国人奉为"装甲之父"的古德里安，在第二次世界大战期间曾任装甲集群司令、坦克兵总监、陆军总参谋长等职，是一位杰出的军事家、军事理论家、统帅，装甲战的倡导者，也是德国装甲兵创建者。他一直被人们称为闪电战的创始人之一，即使在纳粹执掌时期他还不是最高级的将领，但是，在第二次世界大战中，他的卓越才能已经得到人们的认可，被看作是在"二战"期间最优秀的指挥官之一。

古德里安在装甲战上取得的成绩是毋庸置疑的。在二战中，他作为坦克专家，将现代陆上作战武器——坦克，充分地运用到战场上，其意义深远，一直影响到今天。

在 1932 年的夏天，为了加强合作，鲁兹将军开始组织步兵团和坦克营的联合演习。演习中，古德里安的坦克营使用的装备还不是正式的坦克。但就是这种不正式的装甲侦察车，是在凡尔赛和约签字后，德国自己制造的，是德国第一次正式拥有的装甲侦察车。

古德里安将装甲兵的理论与实例相结合所创造出的奇迹，对现代军事发展也有深远的影响，他的这一理论也被西方军界所采用。而与他同时代还有很多装甲高手，如，朱可夫、巴顿等，他们在指挥坦克作战上的建树都没能超越古德里安。第二次世界大战中，古德里安充分发挥了他的聪明与才智，将坦克的性能得以在战场上发挥重要的进攻力量，成为战场上主要的进攻武器之一。正因为如此，各国的战史学家给他了一个很高的荣誉称号"世界装甲之父"。

古德里安可以算是二战时期的一个传奇人物，他对坦克的研究是由于对新事物的好奇，当他看到坦克时，就对坦克产生了极大的兴趣，并开始研究坦克的性能。当英、法两国对装甲车的性能和攻击性进行进一步的改良和测试的时候，古德里安已经开始对战场的新生力量坦克进行了细致地研究，并且将其运动到战争中去。

装甲作战在当时是人们所不敢想像的，而古德里安就敢打破常规，他认为装甲作战在战争中必会取到很好的效果，所以他为了实现他的目标，花费了毕生的精力去研究装甲作战的理论，并写出了很多关于这方面的书。最后，他以他超前的军事思想和过人的军事素质，在德国创造了第一批强大的装甲兵。

古德里安是个理论结合实践的将才，在二战期间，他就能想到把装甲突击理论与实践结合起来，并且不会受到任何干扰，大胆的使装甲作战付诸实践，而在实践的过程中他创造了装甲部队横扫欧洲大陆的奇迹，充分地证明了坦克在战斗中不可估量的作用。从这些可以看出，古德里安是位有着出色军事指挥才能和优秀的军事素质的人才。他的研究没有停滞在坦克上，在作战的部署方面，在计谋的运用方面，他都很有见解，创造了一个又一个的军事奇迹。

丘吉尔曾这样评价古德里安说："希特勒的战争，一开始就是古德里安铸就的。"现在想想，果真如此，人类虽然很早就发明了坦克，但是真正使用并将坦克的作用发挥得淋漓尽致的是古德里安。即使在今天，在当代的军队中，古德里安的盛名依然长盛不衰，对于他的"闪电战""装甲战"无人不抱有钦佩之情，他指挥的经典战例已经被军事学校写进了教科书。

二战浪漫曲

抛开战争性质来说，就单纯的军事作战上讲，他不愧为"赫赫战功"这样的评价，然而他指挥的确是被人类不齿于口的不义的战争。他的才智驶离了轨道，与正义的呼声背道而驰，他仿佛听不见悲痛的呻吟，听不见历史的诅咒。事实上，古德里安纵容希特勒侵略夫人原因很简单，就是他服从命令，服从命令也是"日耳曼民族"最高的荣誉。也许连他自己都没有意识到，他已经是希特勒这个残暴杀手的利器了。古德里安把剑毫不犹豫的刺进了世界人民的肋骨，为法西斯侵略者立下了"汗马功劳"。

他怎么会想到，正是因为他的装甲部队在战争中起了的重大作用，才使得希特勒的侵略脚步迅速加快，并且建立了强大的、黑暗的第三帝国。在侵略的过程中，无论是城市还是村庄都遭到了严重的破坏，多少无辜的生命抛洒了满腔的鲜血。他也不会想到，通过自己的智慧所创造出的武器虽成就了德国在战场上的一时辉煌，但它也终究逃脱不了毁灭的命运，历史注定了这位"军事天才"悲剧的人生。

虽然这样，但古德里安与其他德国纳粹政客们等是不同的，对于战争他有着自己的信仰和理论。毕竟他是正规的德国国防军的杰出的将领，他有他自己的尊严和做事原则。即使让他罢官免职，他也不会与一些只会随波逐流和见风使舵的小人在一起共事，他更不会在希特勒面前说尽好话，空话，为了能够得到希特勒的提拔。

在他的思想认识中，军人是要服从命令的，但是军人不是统治集团滥杀无辜的工具。他们通过战争完成崇高的理想，但是，战争不是滥杀无辜，战争是不同集团无法调和时的必然手段，最成功的战争一定是伤亡最小的。他曾反对纳粹的野蛮屠杀，制止过乱杀的行动，告诫自己不杀无辜，也不参加任何一次的野蛮行动，这些做法虽然起到了一定的积极作用，但毕竟以他个人的力量是不够的，渺小的。

战争后期，纽伦堡国际法庭曾对德国战犯进行审理，古德里安也被送上法庭，但是由于他战后没参加过任何有害于其他国家的事情，法庭宣布释放他。得到自由的古德里安继续研究他的装甲作战，并写成了书。也正是由于他的做人风格和令人惊叹的军事造诣，使他获得了敌国的尊敬，并且历史学家和军事学家也都是站在客观的角度上对其进行评价的。

在"二战"期间，波克雷什金很是欣赏古德里安坚持原则的做法，敬佩他是一位正直的军人，被他在战争后期的正义行为所深深折服，但这是以后的事了。

那时候，落后的科技和信息，让波克雷什金知道的国际资讯太少了。当他知道龙德施泰特、里宾特洛甫也加入希特勒政权的时候，德国已经开始大练兵了。

在很久以前，德国龙德施泰特就已经是一位享负盛名的将士，他曾任陆军元帅一职，在1892年又开始服役，之后在军事学院进修，1907年从该校毕业。在第一次世界大战爆发时，他被任命为参谋长，战争结束以后，担任国防军师长、第三军区司令等。

服兵役并没有转化他的思想，好战的本性依旧在血液里流淌，在军事学院学习也没有让他了解到军人的本质，参加战争是为了未来能没有战争，军人肩负着和平的使命，但是，龙德施泰特却并没有被感化，这个久经沙场的老兵，嗜血的本性没有磨灭，一战的战火已经熄灭，而他内心的征战之火依然燃烧。

在1932年，在他又晋升为卜将的同时，希特勒上台了，这无疑让他的野心有了实现的可能性，于是，他积极参与到扩军的工作中，为二战的爆发积蓄了力量。

里宾特洛甫是在一个军人家庭中出生的，他也参加了第一次世界大战。战争结束后，他开始经商，但到了1932年5月，他加入了德国纳粹党，很快当上了党卫军上校，之后他认识了希特勒，在希特勒登上执政舞台之前，他也出了很大的力，并在对抗前苏联的战争中发挥了很大的作用。

波克雷什金渐渐的明白，希特勒张开的网，网罗住了很多优秀的人，不管是什么原因，是军人的天性还是利益的驱使，这都毫无疑问的增加了德国法西斯的力量。

同年里，贝克上校成为波兰外交部长，他很支持德国纳粹政权的执政。在过去的几年中，贝克一直想让他的国家同第三帝国建立联系。由于他的支持，在一定程度上给德国纳粹政权的建立起到了推波助澜的作用。

波克雷什金于1939年从卡钦飞行指挥学校毕业，新的时局将成就他的一番天地，这在不久之后得以应证，因为在这一年的九月，第二次世界大战全面爆发了。德军再也按捺不住他们的野心，开始闪击波兰，波兰沦陷，在这种危机关头，英法对德宣战。

以希特勒为首的法西斯已经看到了苏联的地大物博，无奈忙着西欧的征战，使他无暇东顾，但又惧怕苏联会在这时候攻打他，于是签订了互不侵犯条约。

时间稍纵即逝，在希特勒打败法国之后，凶狠的眼光又开始窥视着东方的沃土，他总觉得自己家的氧气不够呼吸，执意的抢夺全世界的氧气，以至于千千万万人们的脉搏永远的停止了跳动。这次，他把侵略目标指向了苏联。

1940年7月，希特勒秘密制定了《巴巴洛萨计划》，这一计划主要针对的是即将与苏联的作战策略。他主张的战略还是以古德里安的闪电战为主，计划中把对苏联从进攻、占领到彻底瓦解的一系列的细节都考虑到了。

　　1941 年，万物蓬勃，生机盎然，但是在这鲜花锦簇，绿野悠悠的盛夏，也有蚊虫的疯狂叮咬。这时，北欧、巴尔干半岛和西欧等十多个国家已经被德国法西斯占领，这些国家的人力和物力资源受到了严格的控制，在一切还没有安排就绪，枪头就开始瞄准了苏联，侵略的野心昭然若揭。对此，苏联政府有所戒备，警惕的心理丝毫没有放松，就在战争的前夕，他们在西部国境线上，部署了众多军队，大约有 170 多个师，近 250 万人，严阵以待。但是，多方面的情报，众说纷纭，这让苏军的总参谋部持怀疑态度，因而对德军准备进攻的时间和规模以及重点战斗方略评估不足，导致临战前夕的准备工作不够彻底。

　　1941 年 6 月的一天，原本晴朗的天空，转瞬间乌云密布，黑幕压城，不祥的预感笼罩在苏联人们的心中，这个日子，难道是有很多话要急于倾诉吗？是的，没有比这个事再让人十万火急的了，它关系到国家的存亡，人民的生死。在 22 日的黎明，万籁寂静，鸦雀无声，看起来静若平湖的苏联却危机四伏，互不侵犯条约成为一纸空文，丝毫束缚不了德国侵略的步伐。

　　在单方面的撕毁条约后，德国纠集了其附庸国罗马尼亚和芬兰以及匈牙利将近 200 个师的兵力，分为中、南、北三个集团军群，向苏联发动了大规模的突然袭击。在世界反法西斯的主战场上，苏联成为了成为了欧洲的主战场，苏联人民面对德国的入侵行径，纷纷拿起武器保卫自己的家园，卫国战争由此开始了，而第二次世界大战也进入了新的阶段。

　　德军很快实行了自己的侵略行径，向苏联发起了大规模的军事行动，正在服役期间的波克雷什金也加入到了卫国战争中。首次空战，给他留下了深刻的教训，这是他无法忘怀的回忆。虽然他聪慧过人，又有大量的知识支撑，但是缺乏作战的经验，再加上塔台的指挥也出现了错误，他竟然打下了己方的一架轰炸机，这让波克雷什金非常懊恼。幸好没有出现人员伤亡，因为前线战况复杂，人员紧缺，所以他并没有受到很重的惩罚。

隔天，波克雷什金负罪请战，再次升空，准确地击落了敌方一个火力最为凶猛的 Me－109，也算是戴罪立功了，之后战火纷飞的日子里，波克雷什金已经轻车熟路了。烈火中，波克雷什金成长了，知识的铺垫，实践的积累，让他成为一名出色的军人。

养兵千日，用在此时，在这国家危难的时刻，他执著地、无悔地选择了这条路，在他的思想里，是军人，就应该征战疆场，此时，他已经做好了一切准备，为了祖国他将不惜一切，甚至是生命。

卫国战争初期，在法西斯德国强大的空中攻势，闪电战的战略指导下，苏联空军损失惨重。但是，波克雷什金所驾驶的战斗机依然在空中顽强地战斗，他的战绩已经成为了敌人的噩梦。每当他的战斗机升空的时候，敌人总会第一时间的发现并且迅速的拿起手中的无线电争相传告，然后小心翼翼的加强戒备，甚至，有的飞机望风而逃，这个苏联的"空中之星"熠熠闪光了。

他的杰出表现很快被德国陆军军官古德里安发现，对于古德里安来说，在空中的波克雷什金对他的装甲师造成了极大的威胁，他就像一个定时炸弹一样让古德里安心神不宁。对于波克雷什金来说，这是危险的进一步延伸，因为他已经被老虎盯上了。

在天上与陆地的争斗中，他们各为其主，本该是英雄相惜，棋逢对手。但是，战场上，在双方的眼里，对手就是敌人，而消灭敌人是他们共同的职责，除此之外，他们没有别的选择。这场利欲熏心的战争，让多少真英雄纷纷落马，多少假英雄大行其道，多少无辜者血流成河！不论谁是最后的胜者，都是刻骨铭心的记忆。

几个岩石是挡不住庞大的激流的。在战争初期，兵力的悬殊让苏军连连失利，西部国土大片沦丧。古德里安的"闪电战"发挥了效力，在仅仅6天的时间里，德军就占领了明斯克，而一个月内就攻陷了斯摩棱斯克。在对苏联北界的进攻中，德军迅速的攻下了立陶宛、爱沙尼亚还有拉脱维亚。

尽管德军目前的战况是连连告捷，但是苏联领导人和苏军已经坚定了收复失地的决心。坚决抵抗的指令烙进了每一个苏联热血男儿的心中。强大的反突击开始实施了。

这次突袭，波克雷什金也在其中，他的战斗使命和危险指数又增加了，因为在古德里安的强调下，波克雷什金引起了德国陆军和空军的高度重视。当时，他和战友正在负责侦察任务。

在获取情报最危急的时候，敌军发现了波克雷什金的战斗机，为了顺利的完成任务，他毅然决然掩护了战友，让他继续侦察，而自己却暴露在敌人的枪口下，面对着空军陆军的重点围攻，波克雷什金沉重冷静，勇敢的驾机俯冲歼敌。

然而不幸的是，地面德军的炮火击中了他驾驶飞机的发动机。没过一会儿，飞机就失去了动力，速度逐渐变缓。但他凭着自己的驾驶技术和遇事沉着的性格，将损失程度降到最低，飞机坠落到了一片林之中。但摔毁的飞机并没有让波克雷什金受到严重的伤害，不幸中的万幸，他只是腿部受了点轻伤。

为了不至于长时间的掉队，波克雷什金忍着饥饿，拖着疲惫的身体抓紧赶路，丝毫不敢松懈。然而，腿部的轻伤在不停地行走下还是不可避免地发生了恶化，但是伤痛阻止不了他前行的脚步，终于在第 4 天，他回到了自己的机场。而那用生命保护的情报在这场战争中发挥了重要作用，对敌军的战略开始做了正确的军事部署。苏军的进攻开始变得迅捷而犀利，这种犀利的攻势让希特勒不得不在七月末下令中央集团军群停止进攻转入防御。

在战火中，波克雷什金既收获了无价的友情，又保护了珍贵的情报，成功的让古德里安的"闪电战"的火力减弱。

在硕果累累的九月，姹紫嫣红淡去了颜色。收获的季节里，列宁格勒军民用鲜血捍卫着自己的家园。德军从陆上封锁了列宁格勒，长达 900 个日夜的保卫战开始了，列宁格勒军民同仇敌忾，一致对敌。

在乌克兰战线上，古德里安指挥坦克部队合围苏军，攻下了基辅，连续创造了多次坦克兵突击的经典战例，俘虏了苏军数百万人。

之前，在进攻波兰时，古德里安将他的装甲坦克第一次运用到战场上，很快歼灭了波兰人的反抗，随后，仅用两周的时间，古德里安就将法国的敌人打退，直接进入英吉利海峡。他的进攻速度令敌人瞠目结舌，就连他的上级以及希特勒都感到震惊。所以，就如后人评价的一样，希特勒的侵略战争之所以能够迅速地向前，就是凭借古德里安的装甲理论与实践的结合。

古德里安在基辅战役后率军北上，赶赴德军对莫斯科的大规模进攻。为了这场战争，德军投入了大批部队，详细的部署了战略计划，形成了对苏作战的"台风攻势"。

在德军准备大军进犯的同时，苏军展开了积极防御，古德里安的部队曾攻到莫斯科城下，但是苏军斗志昂扬、同仇敌忾。在以往的战争中，波克雷什金曾经研究、总结了在空中作战的各种技巧和动作。在这场战斗中，他克敌制胜的公式经得起炮火的考验，那就是"高度—速度—机动—火力"，在他指挥下的飞行员，都采用了他的一些战术，并且能够灵活的接受所传授的飞行动作，很快就将敌人的大部分的轰炸机以及战斗机消灭掉了，战势乾坤扭转，在德军距莫斯科还有20多米的时候，再也无力前行了。在强大的苏联空军面前，在实力雄厚的苏联军人面前，在同仇敌忾、保家卫国的苏联人民面前，古德里安的"闪击战"失去了强大的效力，而波克雷什金也因为这场战争中的出色发挥，被誉为"苏维埃空战战术之父"。

时光飞逝，俄罗斯的冬季到来了，这是一个周天寒彻的季节。天地一色，银海茫茫，希望的曙光在人们的心底升起。

在千里冰封，万里雪飘的季节里，举目四望，惟余莽莽。寒冷的天气，贫瘠的物资，使德军的战斗力锐减，所以古德里安认为攻取莫斯科是不可能的了，于是他建议部队应该向冬季防线上撤退，他的举动惹恼了希特勒，希特勒不顾情面的将他免职，就这样古德里安退出了战场，虽然希特勒不久后便重新启用了他，但是让他做的都是负责编排和训练装甲部队，没有让他亲自在登上战场。直到战争结束后，他都没能亲自率领自己的装甲部队，重新驰骋在战场上。对于苏联来说，这是一个喜讯。对于已经赢过古德里安的波克雷什金来说，这种结果是他期待的，在战场上，他们是对手，在波克雷什金心里，他还是十分敬重的朋友。

是的，原本是狭路相逢，英雄相惜。并不一定需要用一方的败北，来证明另一方的成功，在这超乎成败之外，让人肃然起敬的是那长留于天地间的浩然正气。

1942 年，在苏联人民全力以赴的努力下，莫斯科会战终告大捷。这彻底粉碎了希特勒以"闪电战"的方式，迅速吞并苏联的美梦。苏军以莫斯科城郊为据点，开始进行反攻。在 1 月初，苏军就已经将敌人打退，总共解放了近万个居民点。1 月末，在每条战线上德军再次被苏军驱赶向后撤退。在波克雷什金的空中战线上，德军已经后退到 400 米之外了，就这样解除了莫斯科受到的威胁，使列宁格勒所处的环境也改善了很多，获得自由的城市已经有 60 多个了。在这次的冬季作战中，德军的损失很大，他们仅伤亡的人数就已经达到了近百万人，并且数十个师在苏军的火力下，溃不成军。

残酷的战争让这个冬季变得更加寒冷，它冰封了每一个德国军人"第三帝国"的迷梦，让很多人清醒了。积雪的包裹使这个世界变的愈加无暇，它升起了每一个苏联军民对家的希冀，让收复失地的心变得迫切了。于是，酝酿已久的大反攻在斯大林格勒终于打响了。

1942 年 6 月，当德军抵达顿河河渠时，标志着斯大林格勒战役开始了。苏军在进行防御的时候，将德军的大量的有生力量彻底消灭了。直到 11 月份，苏联军队开始正式反攻，到第二年的 2 月份，斯大林格勒地区的敌军已经全部被歼灭。经过了 200 多个日日夜夜的奋战，德国法西斯军队和他的附属国，已经损失很大，仅在斯大林格勒、伏尔加河等地区的伤亡就超过了百万，物资、装备、武器的损失不计其数。这次斯大林格勒战役成为了苏联卫国战争的转折点，改变了战争的局势。

在所有的空战中，波克雷什金本人曾两次被击落。而在此次斯大林格勒的战役中，波克雷什金的第二个空难降临了。

当波克雷什金去执行侦察任务时，在他返航的途中，很不幸地与德国的 4 架飞机相遇，狭路相逢勇者胜，在空中的战争一触即发。这时的波克雷什金，没有任何时间去考虑生死的问题，他想就算他死了，也要把敌人消灭掉。狭路相逢勇者胜，在抛弃一切只为心中的荣耀而战时，他所成就的辉煌将是无可限量的。

面对着敌众我寡，力量悬殊的突发情况，波克雷什金眼疾手快，先发制人，利落的击落了一架敌机。但是，力量对比悬殊，正所谓双拳难敌四手，他的座机被其他的敌机击中，飞机操纵系统完全失灵。飞机瞬时呈直线一泻千里，这比湍急的瀑布还要可怕得多。一条弧线在云层中转瞬形成，犹如一颗流星般划过天幕。波克雷什金高度警惕着，依然沉着冷静的静待时机，等到飞机落下云层，彻底脱离危险的包围后，千钧一发之际，降落伞包打开了，飞机坠落了。

波克雷什金被树枝刮到，只受了点轻伤，藏在衣服里的情报更是完好无损，真是可喜可贺。

虽然波克雷什金两次在空战中被击落，但是他仍然是大难不死。波克雷什金在他的回忆录中暗自庆幸，"我再次死里逃生，我好像很强大，比任何武器都强大。""我总会逃过一劫。"当战争结束后，所有战斗的飞行员只有3名飞行员幸存，这其中就有波克雷什金。

因为这至关重要的情报，众志成城的苏联人最后以全歼德军主力的光荣战绩夺回了战略的主动权，德军再次遭到重创，卫国战争和第二次大战的全局已经被扭转了。

星星之火，可以燎原。斯大林格勒大捷后，库尔斯克战役又打响了。在这一个月的激战中，苏军粉碎了德军的重点进攻，取得了胜利。希特勒以此来改变战局的希望彻底破灭了。战争的胜利，使大片失地得以收复。

在库班空战中，由波克雷什金指挥的飞行团表现极佳。但是，曾在空军的各个指挥部里，波克雷什金的想法引起了很多人对他个人的不满，人们认为他是一个"狂妄自大"的人。波克雷什金知道，这是每次空战后经验总结的结晶，这是很有效的空军作战战术，非常实用，在不断摸索和实践上模拟了无数遍，已经是结晶中的精华了，当反对的浪潮翻涌而至，波克雷什金深知，唯有证明自己的战术是对的，才能让一切怀疑和批评的言论烟消云散。现在，沉默是最好的抵抗。于是，在这次库班空战中，波克雷什金执意采用8机编队代替3机编队，他把两架飞机合为一组，并以背向太阳的方向呈梯次，这样的配置充分显示了波克雷什金的作战技能和战术水平，同时也是一次以少胜多的战役。辉煌的战绩刷新了以往的历史，让不信任的目光中充满不可思议。后来，波克雷什金的8机编队战术因为它的实用性、灵活性而得到广泛的承认和认可，在苏联的所有歼击机部队中得以推广。之后，飞行员们亲切地称这种8机编队为"库班架子"。

截止到1943年的11月，苏联的大规模反攻成效斐然。南线上，顿巴斯得到解放，同时彻底地消灭了高加索地区的敌人。

1944年初，苏军拥有六百多万人，在兵员上和重要武器装备上，都已经超过了德国。

万事俱备，只待东风。1944年苏军抓住战机，重大的战略性总战役爆发了，迅猛的火舌烧得德军体无完肤。苏军明确了战略目标，即消灭波、捷、匈境内的德军，不久之后，他们在西方盟军的积极配合下，实行了两面加工，攻破了波兰和捷克斯洛伐克，尔后又进攻普鲁士和西里西亚。时不我待，经过10次反攻战后，收复了全部沦陷的土地，解放了祖国。并且苏联的大军挺进了波、罗、保、南等国作战，成功地调转枪口，攻打德国。德军死伤惨重，"第三帝国"大势已去。

德军经过西里西亚战役、东波莫瑞战役和维斯瓦——奥得河战役后丢盔弃甲，狼狈不堪。这样波兰、匈牙利、维也纳和奥地利东部等大片领土解放了，这让在法西斯铁蹄下奄奄一息的无辜百姓终于可以呼吸新鲜的空气了，同时也为反法西斯国家攻克柏林创造了十分有利的条件。

1945年3月，微风和煦，万物竭力地挣脱地面的束缚，探出了幽绿的生命，眼界所到之处，一派生机，这是一个万物复苏的季节。在这个希望的日子里，苏军已经准备好进攻柏林的准备了。

在奥得河、尼斯河的苏军在1945年4月中旬同时向柏林发起了进攻，经过激战16个昼夜后，德军再无招架之力，终于停止了抵抗，柏林战役结束。苏军歼灭德军主力，俘虏德军几十万人。5月中旬的时候，驻扎在捷克斯洛伐克的两个德国集团军群也投降了。1945年5月8日，这个时候对苏联来说值得庆祝的，德国在柏林举行了无条件投降的仪式。第二天的零时，德国正式签署了投降书，并且生效，这也标志着欧洲战争结束了。

也许是青春的呼唤，也许是时代的使命。明知道浪遏飞舟，却偏要中流击水；明知道暮霭愁云，却偏要霹雳一声；莫问今日我向何方，直指敌人脚下。柏林一战，让勇往直前的波克雷什金所在飞行团又失去了几位并肩作战亲如手足的伙伴，波克雷什金的心在滴血，但他没有时间去悲伤，因为祖国是那么的需要他。于是他拿起逝者的武器，去完成他们未完成的遗愿。苏联参加了同盟国方面的对日作战，波克雷什金在祖国的召唤下，再次投身于战争。

千岛群岛和南库页岛的各个岛屿已经被苏军攻克，苏联红军很快占领了承德和张北。最终，全世界的反法西斯人民战胜了日本，日本无条件投降。

战争中，波克雷什金的背影，是最亮的那道光芒。平戎万里，功名本是英雄事；铁马冰河，今日纵横风云间。截止到 1943 年的 8 月份，波克雷什金总共执行任务将近 500 次，击落了 30 余架敌机，因此，他荣获"苏联英雄"的光荣称号。

1944 年的 7 月份，波克雷什金又一次出色地完成了任务，他的勇敢和出色的战果让人钦佩，之后，苏联最高指挥部第三次颁发给波克雷什金"苏联英雄"的称号。在苏联历史上，他成为了第一个三次荣获"苏联英雄"称号的人。

二战胜利后，波克雷什金收敛了全部的锋芒，在平凡中默默无闻的生活着。可这并不代表苏联人民忘了他。他于 1968 年晋升为苏联国土防空军副总司令；在 1979 年的时候，他成为了苏联最高苏维埃主席团委员会的一员。

世界也看到了这个功勋卓越的老军人，反法西斯国家纷纷表彰他的功绩。美国还赠送给他"特别功勋"金质奖章；法国授予给他"功勋飞行员"的称号。此外，他还拥有来自波兰等许多国的各种不同的荣誉称号。1944 年，美国总统罗斯福评价他说："在当今的战争中，只有波克雷什金这个飞行员才是最出色的。"所有的荣誉和肯定凝聚着世界人民对他的感激之情，传递着人们对和平使者的赞美和崇拜。

曾经有人将波克雷什金和苏联另一位出色的空中飞行员阔日杜布进行比较。战争结束后，阔日杜布曾对波克雷什金这样说道："在作战中，我没有采用过其他的空中战术，我始终都是在按着您教授的方法在进行空战。我向您不仅学习了作战技术，而且在最重要的是，我向您学会了怎样做人。"

岁月荏苒，在 1985 年的 11 月 3 日，斜风细雨，一阵微寒。这一天，波克雷什金永远的闭上了双眼，悄悄的离开了。享年只有 72 岁。

根据他临终前的嘱托，波克雷什金的夫人玛利亚按照俄罗斯的传统，把他同普通公民一样安葬在新圣母公墓，而坚决不同意以职位和地位做参照，将他的骨灰保存在克里姆林宫的高墙内。

波克雷什金虽然逝世，但是他的灵魂依然存在，人们不会随着时间的推移而忘了他。后来天文学家切尔内赫发现了一颗行星，并给它命名为"波克雷什金星"，让后来人记住他的名字，记住他的功勋，记住他的精神，来表达人们对这位民族英雄的怀念。当世界反法西斯战争胜利的 50 周年到来的时候，俄罗斯军方在各个报刊上登载了纪念波克雷什金的报道，并将他的名字认为是"俄罗斯空军的光荣"。

波克雷什金，永远的一代天骄，天空中没有留下他的痕迹，但他已飞到人们的心中。

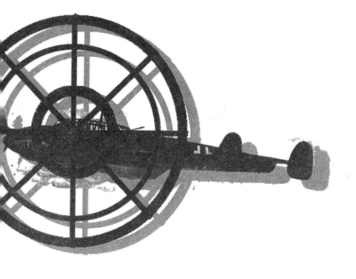

舍身救民众——莫尼

舍身救民众——莫尼

一首奔赴战场的歌曲，能将我们带到那炮火轰鸣的年代。一位伟大的英雄带着他富有传奇浪漫色彩的故事走到我的书里，他就是莫尼·科尔。

当我们回望历史的时候，会为英雄的故事流一掬清泪。但是我们要记住缔造英雄的那个时代，那个小镇，就是白骨飞扬的马蹄时代，就是枪林弹雨的炮火时代，那个小镇，那个美国宾夕尼亚州的印第安纳郡。

今天的印第安纳郡，仍然只是一个小镇，古朴而又宁静，清新而又淡雅。走在昔日的小道上，更多的人只是一声赞叹。和其他许许多多的美国小镇一样，在阳光里温柔的舒展，在雨里寂寞的沉思。来这里的游人很难在其中发现当地人给予这段历史以任何感情色彩。不曾为英雄的往昔叹息，不曾为命运的转折而惊愕，不曾为时局的变动而喜悲，只是修建了一座纪念碑，以示怀念。

如今再提起这个小镇，只是为了回味那过去的美好。再提起那个人，只是为了鼓励我们奋发，只是为了让我们了解英雄也只不过是一个平凡人。

20世纪初期，莫尼就出生在那里，美国宾夕法法尼亚州印第安纳郡。一个苏格兰后裔，一家都是虔诚的基督教徒。父母都是工人，为了让儿女受到良好的教育，他们努力地工作。莫尼是家中的长子，还有两个妹妹和一个弟弟。父祖三代都是工人阶级，中等家庭。莫尼的母亲是一位

二战浪漫曲

贤良淑德的女性，每逢节假日她都会带领孩子们去英雄纪念馆，让孩子们从小受到英雄主义的教育。但是这位伟大的母亲从来没有想到自己的儿子也会成为英雄。

莫尼是一个胆大的孩子，他利用空闲时间绘制机械设计图、做飞机模型等，时常自己出去玩，做一些刺激的事。每次他都能发现一些新奇的事物，并且还带着弟弟妹妹们玩。即使这样冒险地出去玩，他的妈妈也从来不说他们。当莫尼的爸爸要训斥他的时候，他的妈妈总说男孩子就应该这样。

由于莫尼是长兄，每次出去游玩的时候，都负责弟弟妹妹们的安全任务。小小年纪的莫尼是一个英雄主义感极强的少年，有一件小事可以体现莫尼的小小的英雄气概。从而可以体现，莫尼妈妈的英雄主义教育对莫尼的影响是最大的。

一天，莫尼和怀特正在小花园内玩耍，他们却看见了这样的一幕，在花圃里面有个叫汤姆的小男孩，在那里又蹦又跳，把花朵都踩到泥里去了，花被践踏得不成样子。

怀特看见那些被践踏的花，很是心疼，他冲着汤姆喊道："汤姆，快出来，花被你踩坏了!"

此时的汤姆正玩得高兴，听见有人喊他，便不高兴地回过头，一看，原来是刚从别的学校转过来的一个土小子啊，他敢管我，正好让你尝尝我的厉害。

汤姆带着一丝坏笑走了出来，他的手上涂满了泥巴，在怀特没有任何准备的情况下，狠狠地打了怀特一拳。怀特当时鼻子一酸，眼前冒出金星，很快就掉下了眼泪。

这时，也不知道从哪里跳出了一帮调皮的男孩，他们拍手叫好，并喊道："土小子被打了——土小子被打了"

莫尼见到此情况，非常生气，大声地喊道："你们凭什么打怀特，践踏花草就是你们的错。"说着，莫尼冲上去就打汤姆一拳，重重的一拳下去，汤姆摔倒在地上。

怀特不知所措，坐在地上号啕大哭起来。哭得有点累了，莫尼就把他送回家去，边走边告诉怀特，认为自己做得对，就要坚持到底，并且不要怕任何人。就这样，呜呜地跑回家告状去了，莫尼看着怀特进了家门以后，他也转身回家了。

怀特的母亲正在为他们准备饭菜，当看见怀特进来时，很是惊讶，因为怀特是哭着回来的，并且浑身脏兮兮的，脸也肿得厉害，一块青、一块紫的。当母亲了解完情况后，他为怀特擦去了身上的泥巴和脸上的泪水，平静地对怀特说："小怀特，我们家是不会出现胆小鬼的，如果他还会打你，不用怕，你就尽管还手就好了，像他打你那样地打他。"说完，他的母亲为他做了一个还击的手势。

"但是……我怕和打起架来，不管我赢没赢，爸爸都会拿来木板打我的。"怀特一边抚摸着自己发红的脸，一边担心地向妈妈说道。

怀特的妈妈看了怀特一眼，很意味深长地说："你要拿出救哥哥的勇气来！"就这样，小怀特重新振作起精神来，他擦擦自己的鼻子，攥紧拳头，飞快地冲出了屋门。一群调皮的男孩们和那个打了怀特的汤姆，看见怀特自己跑了回来，又再次地将怀特围了起来，想要再次侮辱他。但这时怀特先发制人，冲着汤姆的脸就是一拳下去。

汤姆痛苦地叫了一声，之后，便躺在了地上。旁边围着的男孩们都顿时停止了笑声，一个个都张大了嘴巴看着，一句话也说不出来了。他们只是没有想到，这个刚转来的土小子，居然敢打这里出了名的"小霸

二战浪漫曲

王"。

小怀特终于报仇了，他兴奋地、飞快地又跑回了家，并骄傲地对着妈妈说："我打败了汤姆，我不会怕那个人称'小霸王'的人了。"没等妈妈说话，怀特又跑去莫尼的家，急促地敲门声，莫尼打开门，看见受伤的怀特，还以为他又被欺负了，就听见怀特说："我打败了汤姆"。莫尼伸出手，拍了一下怀特的肩膀，说："我们将成为永远的朋友。"自此，再也没有哪个小孩儿敢动怀特和莫尼一根指头。

母亲独特的教育方法让怀特从小便养成了坚忍、要强的性格，他从不惧怕任何困难和挑战，立志要做一个强者。怀特的母亲平时从不会过多地干涉怀特同其他的孩子打架，很多人都不理解怀特母亲的做法，就问她："孩子们打架，怎么不去管教一下？"

而她却笑着说："男孩子打架，可以使身体更健康，更何况，总是插手孩子们会反感的，让他们自己解决好了。"

怀特和莫尼从此成为了无话不谈的好朋友，两个人互相鼓励着。怀特的妈妈对莫尼也是格外的好，夸赞他勇敢，两个年纪相仿的小伙伴在一起成为朋友以后，两位伟大的母亲也成为要好的朋友。

记得有一次，怀特的母亲在厨房里为孩子们烤面包，这时怀特和他的哥哥就在厨房里打了起来，经过了一段时间，怀特的哥哥就骑在了怀特的身上，雨点般的拳头就打在了怀特的身上。

哥哥大声问道："你服不服？"

怀特拼命地挣扎着叫道："不服！"

怀特哥哥恼羞成怒，抓住了怀特的头发，将他的头往地上撞。这时，怀特的弟弟跑了进来，看见这样的情况，想要帮助怀特。

怀特的妈妈站在炉子边，连头也不回，厉声地对怀特的弟弟喊道：

"别管他们。"

这件事被莫尼的母亲知道以后，还说："怀特的妈妈做得非常对，我支持她。"此后莫尼的家里也经常发生一些"暴力"事件，但是却没有人管。这两个家庭在他们居住的地区被视为"特例"。

生活就是这样，让两个家庭因为两个孩子的友谊关系，也成为最好的朋友。

春天，因为气象万新，生机勃勃才使大地孕育着丰收的果实；青春因为朝气蓬勃，斗志昂扬，才让人们拥有了丰富多彩的未来。然而，朽木是不可能被雕琢好的，它也不会因为春天的来到而开出美丽的花，懦夫是脆弱的，他也不会在他年轻的时候为理想奋斗。莫尼长大了，莫尼要报名去西点军校。他的父母一直都是维护和平的和平主义者，虽然他们不喜欢他的儿子去当兵，但是，他们没有阻止儿子的选择，当他们看到自己的儿子要离开他们了，不禁心里泛起一丝的心酸。每个人在生命的旅程中，总得要为着心中的希望舍弃一些亲情，莫尼正是如此。

初秋的风很是凉爽、吹起来让人既感觉舒畅，又让人甜蜜，生活是那样美好，我们可以在落叶下静静地倾听着、感受着生活的点点滴滴，同时，我们还可以在淅淅沥沥的小雨中散步。所有的记忆都是温馨的、浪漫的，当回到现实生活中，我们又要开始计划着未来的生活。秋天是收获的季节，他还有一年的学业就从克拉克学校毕业了，16 岁的莫尼已经开始思考自己未来的人生。

莫尼梦想着可以成为一名正规的美国军官，可以成为一位将军在军界崭露头角，成就一番事业，而对于莫尼的这个梦想，他父亲也是十分赞同的。因为，他父亲知道莫尼的性格，他认为如果莫尼能够参军，他的潜能就会被挖掘出来，所以现在最好的从军出路就是让他去西点军校

二战浪漫曲

学习。

西点军校是美国陆军军官学校，这里培养了大批的优秀初级军官。在 1778 年 1 月下旬，美国爆发独立战争，美军占领了该地，从此以后，这里一直是军事重地。

许许多多美国热血青年向往着可以走进这个地方，在这里毕业的学员，第一年便可以当上少尉。这对于莫尼来说，他希望自己当军官，如果能在这里深造，之后会成为一名伟大的将军的，可以看出这里，无疑是个充满诱惑的地方，更是一个充满无限憧憬的地方。

但是，要取得西点军校的入校资格绝对不是一件容易的事。按照规定，合众国总统可以推荐 31 人，特区代表、众议员和国会参议员每个人可以有资格推荐一名。对申请人的年龄也有限制，必须在 17~22 岁之间，而且能够精通各门功课，只有这样的人才可以向陆军部次长递交申请书。如果符合规定被选上，就要参加由军官委员会组织的考试。考试从体力和智力两方面进行考评，考试非常严格，不存在作弊行为。在精通各门功课上，如果学员是从公立学校或者州属军事学校毕业的，那么只需要有大学的入学许可就可以了。

作为工人阶级的孩子，这对莫尼来说无疑是一个巨大的难题。正在莫尼一筹莫展的时候，怀特的父亲得知莫尼的情况，当即决定帮助这个有为青年。怀特的大伯是就是一名军人，并且在西点军校任职，可以把莫尼的一些情况反映给众议员，让他们推荐莫尼。

就这样，由于莫尼本身优秀的表现，得到了众议员的青睐，得到举荐的名额，成功地进入西点学校，成为他们中的一员。

在莫尼离开的时候，与家人的分手是平静的。父亲也特意请假，去送莫尼。临行前，莫尼同他们兄弟挥手告别，一直在旁边默默无语的母亲为他提着箱子，而眼泪已经充满了眼眶。

火车很快就伴随着轰鸣声进站了，莫尼兴奋地踏上火车，与大家挥手告别。这时，在他的脑海里已经充满了各式各样的幻想以及对新生活的向往，以至于他忘记了分别时应该有的难过情绪，而火车外的母亲已经哭出声来。火车在挥手中启动了，慢慢地驶出车站。莫尼的兴奋劲仍然没有退去，当阳光透过车窗，照在他的英俊的脸上时，他突然从幻想中惊醒过来，他想到了现在自己已经是孤独一人在去往西点的路上了。透过窗外，莫尼看到他所熟悉的树木、草地以及山坡等都向后退去，莫名的伤感涌上心头。一时间他突然觉得自己不知去往何方？不知道未来的生活将会是什么样的？

火车一直奔向前方，穿过早晨渐渐消逝的浓雾，朝阳正在东方的天空冉冉升起，光芒耀人眼目。

繁华的大都市由于近代工业革命的不断发展总是带给人们眼花缭乱的感觉。高楼林立的纽约已是现代的大都市，而西点军校就坐落在距离纽约市北部大约有 80 公里的西点镇。西点镇原是美国重要的军事要塞。

从宾夕法尼亚州印第安纳郡到纽约有一段的距离。经过了几天的颠簸之后，莫尼终于到达西点军校。然而，当他来到西点军校面前时，他很失望，军校的样子不像他所想像的那样富丽堂皇，也没有著名军校的模样，这只不过是很闭塞的山沟，生活也没有多大意思——从老兵那得知，这里一到冬天冷得像冰窖，夏天却像个火炉，吃的东西也很糟糕——莫尼刚到的第一天就体会到了。

这种生活仅仅是个开始，更难受的日子还在后面，在这里的学生几乎都是各个中学的尖子生或者是非常优秀的运动员，他们这些人都有些狂妄自大、自视清高，莫尼根本就没有什么机会能展露自己的本领。在

二战浪漫曲

大家的口中一直流传着这样一句话："以前是条龙，在西点就会成为一条虫"可以看出，在西点军校高手是非常的多的。但是，在这里尽管是"高手"也不会得到什么特殊的待遇，无论你拥有什么样的光荣历史，只要到了西点就要从头开始。

"挺胸！挺一些！头抬高点！腰背挺直！双腿夹紧！动作快！"等等各种各样铿锵有力的命令，汹涌澎湃地扑向这些新的学员，曾经自命不凡、很风光的新兵，到了这里才知道，他们自己有多么的迟钝，动作缓慢、站立都不稳、连齐步走也走不齐。

生活中的故事总是多姿多彩。这一系列的"考验"，莫尼都熬了过来。每一次他都被折磨得非常痛苦，但是他没有放弃，他为自己鼓劲说道："没有免费的高等教育，要珍惜。"

在西点军校求学过程中，他也一直与怀特的大伯保持密切的联系。信中，怀特的大伯像父亲一样，一直鼓励他。对莫尼的弱项提出了一些指导性的意见。让他多阅读各种书稿，扩展自己的知识面，了解更多的局势知识。

莫尼的父亲得知儿子长受高年级同学的欺侮，怕儿子压力太大失去信心。因此，他在信中说："在西方，流传着这样一句谚语，'世界上最大的是海洋，比海洋更大的是天空，比天空更广阔的是人的胸怀。'这句话告诉的就是宽容的道理。宽容是一种胸怀，是一种最崇高的美德。对不同的观点和行为都要给予不同的理解和尊重，就算是自己有理，也不能得理不让人，更不能强迫别人认同自己的看法。要学会尊重他人的选择，在尊重别人的同时也是在尊重自己，给别人宽容，也会给自己带来更加广阔的道路。要加强和自己同年级的学生的友谊，也要更加努力地学习文化知识。这才能算是军人应该具备的基本素质。"

"……在这个世界上，一个人最想要做的，莫过于做适合自己的事。……那么，在你的身上具备了出色军人的血统，勇敢、正直，你的回报将会很快地实现……"

在西点，所有的行动都要遵循一定的原则。西点军校的目标就是将所有人培养成具有良好品质的军人，在西点学校里的学员，他们都有各自的特点，作为一个军事学校，就要把每位学员打造成一个固定的模式，将他们自己的个性消磨掉。在西点，每个人都是平等的，不存在个人英雄主义，就算你是总统的儿子也要和大家一样。

莫尼就是本着西点军校的这些优良传统，一直在努力着，坚持着，现在，莫尼将在学年末当上一名下士学员作为自己奋斗的目标。

每当莫尼向前迈进的脚步要停止的时候，父母都会在他背后打气，给予他战胜困难的勇气和力量。为了莫尼可以更安心的学习，怀特也来到这里陪伴他，像往常一样帮助他。人的忍耐力与承受力是有限的，当压力过大的时候，也许很轻易的便会将他压倒。莫尼现在所处的就是这个阶段。他姐姐，姑姑知道这一情况后，也时常来看他，为了减轻莫尼的压力，他们每次说话都很小心，生怕哪句话触动莫尼那颗敏感的心。

家人的关心向来对莫尼的成长都是很有帮助的，他知道不管自己怎样，亲人的爱永远陪伴着自己，就这样，莫尼那颗不服输的心又被激起了。

为了检验自己的勇气，莫尼在上二年级的时候参加了校足球队。因为踢球的时候不小心扭伤了脚，最终无奈的退出了绿茵场。莫尼的天性决定了他不服输的个性。不久，他便加入了学校的田径队，被选拔为高栏赛项目的运动员之一。尽管如此，莫尼一直没有忘记自己要当第一下士学员的决心。为此，他付出了比常人多百倍的努力。终于，在学年末，他通过了各项考试，还获封第二下士学员。很遗憾，他距离第一下士学员还差一点。

这次的成功，多多少少给莫尼带了一些动力。莫尼作为第二下士学员，负责带领一年级的一个连队。如果第一下士学员没有在的情况下，他还会领导整个营。对于从小就酷爱指挥的莫尼来说，这样的结果是他早就梦想的。

经过了5年的学习，莫尼变得更加成熟了，做起事情来不再只会感情用事，他会理智的分析眼前面对的任何事情，也懂得如何做一名合格的军人，伟大的人也许就是这样产生的。

不过这一切都只是莫尼人生的开始，在漫长的生活中，将有更多的困难等待着他。

在人们成长的过程中，选择是无可避免的问题，对生活方式的选择，对未来的选择等等，这些选择在不同的时期有不同的意义。可是选择谈何容易，选择就要面临择决，也就意味着放弃与之并存的一方，因此，在选择的面前，我们无法做到从容。莫尼现在就处在这个时期，面对炮兵、步兵、航空兵等多个兵种，莫尼也徘徊于其中，不过他最终选择了航空兵。

他被分到了伊利诺伊州的"雄鹰队"，为了让自己达到优秀军官的水平，他将大部分时间都用在钻研军事理论上。他很喜欢读军事书籍，尤其是克劳塞维茨写的《战争论》，他仔细斟酌着每句话，理解其里面的精髓，总结经验，在训练中能够充分利用。久而久之，他的军事素养越来越好，知识水平也越来越高。

莫尼真正的军旅生涯开始于1930年夏天，他被分配到谢里登堡任空中小编队队长。这个地方是以美国内战中优秀的将领谢里登来命名的，在当时，这里使一个荒凉的军事哨所，后来因在此建立了美国女子军事训练学校而出名。

对于军队中的一切莫尼都很留心。不过他最在意的还是观察这里的供职军官们。

这里的军官与莫尼想像的有着天壤之别，他们大多是普通军校的学员，毫无绅士风度。有些甚至被称为是"不正经的军官"。莫尼则称他们为"1898年的罪恶"。

在莫尼眼中，最欣赏的还是歇尔上尉。因为歇尔上尉夫妇俩不仅举止端庄，而且对人也很宽厚，他们靠部队发放的薪水生活着，有专门的仆人伺候他们，同时，他们也定期地向慈善机构捐款。莫尼认为：有马歇尔上尉这样的上司是三生有幸的事情，他视上尉是知心的人，更是学习的楷模。不过可惜的是，歇尔上尉在不久之后的一次飞机事故中遇难了。

其实，歇尔对莫尼的评价也很高，尤其是莫尼做事果断，给他留下了深刻的印象。他同大家说，莫尼将是最有前途的年轻军官。其实，歇尔对莫尼未来成绩的预言不是凭空捏造的，也不是与莫尼的私交较好才这么说的，而是期间发生的一件事情，让歇尔对这个年轻人另眼相看了。

有一天，莫尼正在指挥训练。突然，他的飞机失控，飞机大头朝下地坠下去，将他重重地摔在地上。但是他没有犹豫，立即从机舱里爬了出来，敏捷地跑开。这架飞机幸好没有起火，莫尼免于一场灾难。

于是，莫尼立即返回指挥部，继续指挥空中队员的行动。但是飞机的坠落还是让莫尼受伤了，正在说话时，莫尼突然间倒在地上。但他清醒之后又继续指挥训练长达二十分钟。他等到训练结束后才回到办公室将头部的血迹清晰掉了，接着又为军士们上课，还参加了青年军官学习班的学习。直到下课，他才去往医院，给头部做个缝合手术。

也许这件事情在莫尼的眼中只是一件微不足道的小事，也是作为一个军人应当完成的使命，可是在其他人眼中，莫尼的这一举动实在是太让人吃惊了。

年轻有为的莫尼在军队已经小有名气了，除了每天必须研究的军事理论外，他还给自己安排了丰富的业余生活外出旅游、打猎，偶尔也会参加一些富人举办的宴会。开心之余，莫尼有的时候也会感觉很惆怅。其实他真正的快乐除了自我实现外，就是想娶心目中的她为妻，可是自己现在却没有办法给她幸福。因为，她是家里的小女儿，她的父亲艾尔先生无论如何也不愿意让自己的宝贝做军人家属。

这个"她"还是莫尼在西点军校学习的时候认识的。在一次社交晚会上，莫尼与特丽丝认识了，从此，他们的感情因频繁的书信交流而与日俱增。

莫尼自觉"一生中度过的最美好的夜晚"是在1935年3月的华盛顿参加的一个庆祝活动。西点的学员奉命去华盛顿，在那里举行阅兵仪式，碰巧遇到了艾尔一家。艾尔一家也在华盛顿参加这次活动，在晚上，莫尼和特丽丝跳了一支舞，这个夜晚让两个人很是难忘。此后的每个周末，特丽丝都会专门从波士顿赶到西点与莫尼约会，他们一起去攀登悬崖、郊游和野餐。莫尼从比那里了解到不少关于学习法语、文学的知识，并请她帮助修改诗作。特丽丝也从莫尼那里了解到了很多关于西点军校的事宜，从规章制度到军事知识无所不知，甚至连体育常识也知道了不少。

了解对方的事情越多，对对方的迷恋就越深，便很难从对方的视线中离开。因此，一有时间两个人就会在一起，感情的温度也越来越高。

爱到深处情更浓，也更害怕失去自己所爱的人。因此，到了求爱的时候，莫尼变得犹豫不决了，他知道特丽丝的各方面条件都比较好，还是百万富翁的女儿，受过高等教育，从没有吃过苦头，父母将她视为掌上明珠，而他则是一个军人，古板，缺乏浪漫，并且军队的生活是枯燥和危险的，他害怕自己给不了这个他深爱的女人幸福。

家人知道这件事情后，懂得莫尼的茫然与彷徨。她父亲更加明白特丽丝也在等待着莫尼的求爱，于是，母亲就鼓励儿子大胆求婚。1937 年的圣诞节，莫尼终于鼓足勇气向她吐露真情，表示希望娶她，两个有情人终于走到了一起，也可以摆脱相思之苦了。

就这样，莫尼和特丽丝修成正果了，可是特丽丝的父亲非常反对。为了说服特丽丝的父亲，莫尼绞尽脑汁。他知道每个做父母的都希望自己的孩子幸福，而这也是他说服他父亲的唯一理由。虽然以自己现在的能力很难让他父亲安心，可他要做的就是将自己的心交付出来，让他的父亲了解他的为人，之后放心的将自己的女儿交付给自己。

因此，他挑了个合适的机会对艾尔先生说："要我很理性地回答我为什么会选择军人这个职业，说实话，很难。我也曾为了能够说得很有道理，想过很多的理由，但是，没有一个答案令我自己满意。我可以发自内心地对您说，当军人就像我自己呼吸一样很自然。如果要我放弃当军人，也就等于我放弃了自己的呼吸。成为军人和在和平年代的陆军是不同的，当我接受后者时，其实也是为了达到前者。我也很清楚地知道，军人的事业是会受到很多的限制；但是，从我读过的名人传记中，我也能感受到，想要成为一个有所作为的人，就要先成为一个专心致志的人。"

莫尼的目的达到了，他的一番话真切而诚恳。这样一个执著，又富有责任心的人，去哪里找呢？艾尔会心地笑了。看到这样的表情，莫尼终于松了口气，他知道自己成功了。就这样，两个人在圣约翰大教堂举行了婚礼。

军营里的条件比较艰苦，莫尼不忍心让妻子生活在这种环境之下，因为她出身名门，从没离开过舒适豪华的生活。不过特丽丝似乎全身心地投入到与莫尼的幸福生活中，完全没有意识到这个问题，爱情的力量是伟大的。

婚后，两人去欧洲度过甜蜜的蜜月生活，他们游览了英国乡村那些如画的风景，看过了普罗旺斯浪漫的熏衣草花海，度过了一段浪漫美好而又温馨的时光。

在莫尼的假期结束之后，两人乘船返回了美国，开始了紧张而繁忙的工作。这期间，莫尼还买了很多的军事方面的书籍来研究。通过读这些书，不但使莫尼的知识更加丰富，更重要的是增强了他的信心，他追求理想的欲望因此变得更加强烈了。

对于莫尼来讲，1938年应该是很特别的一个年头，他的新婚妻子特丽丝在这年秋天怀孕了，对于这个刚刚组建的家庭来讲无疑是个天大的喜讯。怀孕期间，特丽丝一般是很少出门的，常常是在家里翻译一些法国军事方面的文章。不过令莫尼心疼的是，特丽丝对于这样艰苦单调的生活还很难适应。但她却能很快地放下小姐的架子，对人和蔼。不仅如此，她对待丈夫更是体贴有加，甚至，当莫尼脾气暴躁、粗鲁骂人的时候，妻子总能在他身边叮咛他，使其变得谦逊温和一些。

第一个女儿小特丽丝诞生于1939年3月。她很可爱，白白的皮肤，大大的眼睛，睡觉的时候还嘟哝着小嘴，十分惹人怜爱。她的到来激发了莫尼强烈的父爱。同时，特丽丝也把更多的时间和感情放在了女儿身上，那个时候，仿佛这个小女孩就是他们的全部。

尽管莫尼现在很幸福，可他内心还是比较期待战争的。如果战争爆发，他会放弃军职，当一个雇佣兵。经过多方努力，莫尼最终于 1939 年 8 月被调离谢里登堡，来到了华盛顿附近弗吉尼亚州的迈尔堡。迈尔堡是空军参谋部的所在地，也是重要的社交场所，来到这里，莫尼夫妇又开始忙于各种社交活动，他们开始招待华盛顿的名流。没多久，在华盛顿的上流社会，他们已经小有名气了。

似乎莫尼天生就是为战争而生，他把战争看得像生命一样重要，现在的他缺少的是展现自己才华的舞台。英雄的抱负无法实现，他只能隐忍着，在等待中寻找机会。终于，第二次世界大战爆发了。

在第二次世界大战的时候，美国还一贯地保持着中立态度。但是珍珠港事件以后，美国退出了中立的舞台，披上戎装走上战场。

这个时候的莫尼，他是非常急切地要去战场参战。只有战争，只有枪林弹雨，才能让莫尼感到自身的存在价值。机会一向都是给有准备的人，莫尼抓住为美国要打垮日本人的机会，提出要上前线冲锋陷阵。

人生总是忧喜参半，莫尼参军的请求没有被批下来。相反让莫尼到谢拉布兰卡小镇驻守，他们一家人跋山涉水，终于到达了这个地方。

这个小镇上只有二十户人家，似乎是个被遗忘的角落。这里的法警是这个地方最有势力的人物，满头的白发，满面笑容，还拥有很多的资产，值得一提的，他还是个著名的枪手，被人所尊重。

在这里士兵们的任务就是保护这些牧场，让德军无法袭击这里。莫尼一直都很热爱战争，不管是大的战役，还是小的征战，他都力求取得胜利，这是一个军人的使命和责任。为了防止德国人的伏击，平时他很少休息，经常带着士兵们骑着马在高山峻岭上奔驰，在每个哨所之间来回巡逻。无论多么辛苦，莫尼的脸上总是挂着笑容。他认为自己做的这

二战浪漫曲

些事情是光荣的。

除了以上要执行的任务外，莫尼在得克萨斯州的霍特韦尔斯还组建了一支二十人的巡逻队，主要防止来自意大利人的进攻。

一天晚上，莫尼负责巡逻的一座桥出现了一点状况。据尖兵报告说，桥上的人说的是西班牙语。聪明敏捷的莫尼深思后，推断出德国人正在埋地雷。于是，莫尼立刻作出部署，命令队伍排成一线。这支部队在莫尼的带领下，严格听从号令，"举枪、冲击！"可是当士兵冲到桥上的时候，才发现，原来在桥上的人是十三骑兵团巡逻队，是因为他们没有找到目的地，才跑到莫尼所负责的桥上来的。原来是虚惊一场。

经过几番折腾，莫尼依然没有尝到战斗的甜头。无奈，他只好回到布利斯堡，继续处理公务。突然之间闲下来，莫尼感觉有点不太适应，思前想后，才发现自己和妻子已经很长时间没有见面了，为了一解相思之情，莫尼把妻子比接到了布利斯堡小住。由于这个地方的环境太差了，到处是荒地，妻子不忍心看到丈夫每天在这样的环境下奔波，于是，她每天都苦苦哀求莫尼，让他辞掉军职，返回华盛顿。这下可难倒了莫尼，作为一个军人，不管环境有多么艰苦，都不应该抱怨。无条件的接受，是他们的天职。

为了不伤妻子的心，也为了履行自己当一名军人的责任和义务。莫尼权衡了一下，想出了一个可以缓解妻子情绪的方法。他申请了住房，又将两个女儿接来同住，特丽丝见到女儿，心情也好了很多，而喜事也是接踵而来。

一天，莫尼的妹妹来看望他们。在一次社会交舞会上，尼塔与美军总指挥部参谋长亨格尔相遇。亨格尔出生在密苏里州拉克利德，虽家境一般，但聪明过人，十几岁起就在乡村小学教书，后来以优异的成绩考入西点军校，担任过内布拉斯加大学的军事教官。

亨格尔很严肃，是个身体健壮的人。尼塔长得很标志，是个性格开朗的女孩。两人没有年龄上的代沟，一见如故，很快的，他们便交上了朋友。为了能与亨格尔有更多的时间交流，尼塔特意推迟了返家的日期。1942 年美国人突袭东京本土，亨格尔是这次战役的总指挥。在亨格尔的努力之下，莫尼得到了参战的机会，这让他兴奋不已。

莫尼终于可以参加战争了。不久，他们的部队就进入了一个距离日本很近的小岛。为了证明自己的能力，莫尼主动担任领航的任务。由于初次担任任务，莫尼充分地表现出了过人的才智。

1942 年 5 月，莫尼迎来了他人生的第一次"辉煌之战"。在美军发动的第一波空袭中，莫尼过硬的技术本领和机智勇敢，击落了敌军五架飞机，并且顺利地返航。

很快，莫尼的事迹就被写成文章，照片、新闻被出版在各大报纸上，莫尼瞬间成了全美国的英雄，还成为了美国空战史第一位一次击落五架飞机的王牌飞行员。这件事情，也为莫尼增添了信心和勇气。

敌人也从此知道美国的飞行队里有一个叫莫尼的王牌飞行员。技术超一流，胆量也是非常大。在接下来，美军对敌方的空袭中，几乎全部所有对方的空军士兵都没有办法占到莫尼一点便宜。

出色地完成了此次空袭以后，莫尼得到上司的肯定，并且美国总统罗斯福亲自授予莫尼为"美国王牌飞行员"之称。为了彻底消灭法西斯主义，所有的反法西斯国家建立了一个反法西斯同盟。除了欧洲之外，在亚洲战场上也在进行着激烈的战争，然而在这里的战争是艰苦而严峻的，没有足够的供给粮食，没有足够的弹药武器，即使是在这样的条件下，应用的同盟国军民们也没有放弃抵抗法西斯的侵略。

美国作为反法西斯战争当中最大的援助国，对全世界各地盟友不间断地进行友好援助。莫尼率领他的飞行小队，作为这种军事援助的一部分来到这座亚洲战场上，为这里的盟友继续抗击敌人的入侵。

美国在防护系统方面都是非常强，技术方面也是一流的。莫尼的小编队几乎每次都能掌握敌军的突袭行动，而且都能给予有力的反击，所以美军开展支援行动的这段时间内，莫尼的飞机编队都很少被敌人摧毁。

在 1942 年 12 月份的时候，敌军在他们的战斗机的掩护下，使用轰炸机进攻了这里的一座盟军机场。当莫尼和他的战友们接到命令，立即前往作战地点迎战。

很快，莫尼驾驶他的战斗机攻入敌军的机群，和敌人展开激烈的争战，当他击落一架飞机稍作休整的时候，一架敌机却趁此向他所在的位置猛冲过来。面对突发事件，莫尼显得很是冷静，片刻之后，他已驾驶着战鹰，撞向敌机。敌机的左翼被撞断，打着滚坠向地面。

如果莫尼没有采取这种策略，采取规避动作，他便会处在被动的环境下，这样将会更加危险，会造成人亡机毁。

莫尼撞向敌机的后果是，自己的战鹰也燃起了火，快速向下坠落。当他四处张望的时候，看到了飞机下面是他熟悉的驻扎城市，他心中一紧，在这里还有着大量的平民没有躲入放空设施当中，不能让飞机落入这里。但是，莫尼的飞机眼看就要坠落了，就在一秒钟的时间里，莫尼选择了留在机舱内，没有跳伞。

当时，城内很多的居民都在观看空中的这场生死较量。人们还在争吵着，有的人说："美国大兵已经坚持不住了，大家快点散开吧。"也有的人说："美国人是来保护我们的，不会伤害我们。"

聚集的人越来越多，大家都为莫尼捏着一把汗。莫尼低下头看着地面上的人群，更不能在此地跳伞了。莫尼的战斗机像脱了绳的野马迅速向下坠落，为了能够保证不伤害到下面围观的群众，莫尼努力控制着飞机，直到飞机驶出了城区，才开始跳伞。

站在街道两旁的民众目睹了这一令人惊心动魄的情景，飞机坠落在县城后面的一座山上，顿时爆炸，燃起了熊熊大火。而莫尼在跳伞时高度已经太低了，他一直都没有打开降落伞，掉在了山上。

人们纷纷跑向莫尼坠机的地点，用最快的速度找到了莫尼，此时的莫尼已经血肉模糊，大家急忙地将他送往城中进行抢救。医生们全力以赴地救治这个美国的飞行员。

然而莫尼的伤势毕竟太重了，尽管全力抢救，莫尼苏醒过来，留下在这个世界上最后一句话是："谢谢你们，我此生没有遗憾。"就这样，莫尼永远地闭上了那双蓝色的眼睛。

平日里那个严峻的莫尼为了保护当地居民而牺牲了，他的事迹深深感动了大家。在条件极端困苦之下，人们还自发地捐款捐物，厚葬这位有着为了拯救人民而牺牲的美国战士，并决定为他建立了一座永久性的纪念碑。

战争结束以后，属于美国空军莫尼中尉的一座纪念碑在当地被树立了起来，这座纪念碑坐落在当地一座广场的正中央，这里生活的当地人民和特意来到这里的美国代表为他举行了隆重而又庄严的落碑仪式。

远在大洋彼岸莫尼的家乡——美国宾夕法尼亚州印第安纳郡，莫尼的父亲知道他的儿子，远在东方，在为了抗击日本法西斯的侵略和维护当地居民生命财产的安全而壮烈的牺牲的消息，他为自己的儿子感到骄傲。在他的家乡，当地居民知道这件事后，也自主地为莫尼建立起另一座纪念碑。

二战浪漫曲

莫尼的牺牲给他的妻子造成了一个沉重的打击，他们的孩子还那么的小，年轻的妻子也无法接受这个现实，她始终不能相信自己深爱的丈夫就这样离开了她。他们的女儿看到母亲如此悲伤，也哭了起来，可她为有这样父亲而感到骄傲。特丽丝收起悲伤，带着他们的孩子，回到了莫尼的父母亲身旁，那个莫尼出生的地方。

又是一年祭奠英雄的日子，城里的民众自发来到广场上，大家手里都拿着一朵菊花，献给他们的英雄。一位美国空军飞行员，得到了异国人民如此爱戴，让人们深刻地懂得英雄是不分国界的。

时至今日，生活在这里的人们还是一如既往地为英雄扫墓，只不过多了一项内容，就是安排一个中学生在那里读一封特丽丝给莫尼的信。莫尼牺牲以后，特丽丝带领孩子们回到了家乡。从此特丽丝经常给莫尼写信，讲述她跟孩子们的趣事，也让莫尼跟她们一起分享生活的快乐。

每写完一封信，特丽丝就装入信封，信封上的地址永远都是一个地方，那就是莫尼牺牲自己的性命所拯救的那座城市。城里的邮差们也已经习惯了每次都把信投到那座纪念碑旁边的邮箱里，这个邮箱是当地政府专门为莫尼设立的。特丽丝每写来一封信，当地政府便会有专人送到莫尼纪念碑旁边投入这个专属于莫尼的邮箱，如何让莫尼知道他妻子写的是什么呢？这个问题难住大家了。后来有人做出了很好的提议，当地人请来了一个会外文的老师，当这个老师听说了莫尼的英雄故事以后，就义务地担当起这个任务，每到祭奠日的时候，这个老师都会来到这里，为莫尼读特丽丝写给他的信。

再后来，这个老师便一直留了在这里，教孩子们认识来自莫尼家乡的文字，如今为莫尼读信的学生，有许多都是这位老师教出的学生。

特丽丝的那一封封信，越过千山万水，渡过大洋彼岸，来到最爱的人逝去的地方。那不仅仅是一封信，那是厚重的思念，那是沉痛的哀思，那是失去的怀念。也许，今天的人们无法了解特丽丝是怎样坚持长时间写信的。但是我们知道，那是用心书写的爱。

战争终究是丑陋的，无论我们用什么样的语言去形容都不过分。它带给人们的创伤是永远无法抹平的。所以，我们要珍惜今天的幸福生活。

今天我们谈到可歌可泣的英雄故事，谈到那些令人毛骨悚然的战争，只是希望大家能够珍惜这来之不易的和平，珍惜那用鲜血和生命换来的幸福生活。

二战浪漫曲

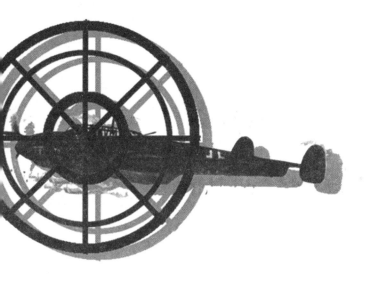

不落的陨星——墨菲

战争是吞噬人类良心的恶魔，然而却也造就了一批英雄人物。墨菲一名普通的美军士兵，在北非与欧洲参战的很长时间里，因战斗神勇获得了 30 多枚勋章，这其中就有美国陆军的最高"荣誉勋章"，以及当时美军几乎其他所有的勋章。这位名叫墨菲的战士的故事，能真正地为我们阐述究竟什么样的人才是英雄。

美国得克萨斯州亨特县，那是一个很偏僻的地方，这里的人们幸福快乐的生活着。战争、疾病、悲伤都远离这个只有十几万人口的县城。

一年之际在于春，春天是一个希望的季节，是一个生长的季节。就在这样的一个季节，一个爱尔兰移民家庭来到了这个小地方。父母都是普通的老百姓，然而就在墨菲上小学五年级的时候，父亲却突然离家出走了，从此，母亲一个人带领他们兄弟姐妹几个人过活。

墨菲就是生活在这样的一个家庭里。父母一共生下了 12 个孩子，但是只有 9 个活到了成年，墨菲是家里的第六个孩子。为了这个艰难的家庭能够过活，墨菲不再去学校念书，而是帮助母亲照顾这个脆弱的家。

小小年纪的墨菲，每天在县城周围的找活做，无论什么活，他都不嫌苦或累，有时一天能挣一美元，就可以帮助家里生活用了。为了给弟弟妹妹们补贴伙食，他就到森林里和大山上打野兔和鹌鹑，这样他掌握了使用步枪的枪法。

即使墨菲如此努力，家里还是摆脱不了贫穷的日子。然而就这样一个风雨飘摇的家庭，再也经不起任何风浪，但还是出现了裂痕。墨菲 15 岁那年，母亲因积劳成疾而离开了他。

面对生活一次又一次的打击，那年幼的肩膀是否能扛起家庭的重担。然而墨菲的回答是肯定的，从此这个家庭里，墨菲就是弟弟妹妹们的父母。终究墨菲还是一个孩子，他每天不能带足够的粮食回来，看着几个幼小的弟妹被饿的一直哭，墨菲不忍心弟弟妹妹跟他受这样的苦，墨菲就把他们全部送到了孤儿院，这是一种无奈的选择。

墨菲的一家过着艰难困苦的日子，就在这个时候，美国整个国家也处在战火之中。墨菲把弟弟妹妹送到孤儿院的那一天，日本偷袭了美国的珍珠港。

战争的起始阶段，美国远离欧洲战场，战火波及不到美国本土，加上美国政府希望可以和各国进行经济交流和友好贸易，尽快恢复一战后走向衰退的经济。因此在二次世界大战初期美国并没有参战，而是作为盟军的后备力量为他们提供武器。但是珍珠港事件的发生，却改变了他们的世界观，同时也改变了墨菲的命运。

日本在世界史册上似乎没给人留下过什么好印象。1941 年 12 月 7 日清晨，随着"虎、虎、虎"信号的发出，大日本帝国海军的航空母舰载着他们的飞机和微型潜艇，在美军毫无防备的情况下对珍珠港进行了一番狂轰滥炸，给美国以沉痛地打击。

当珍珠港沉寂在一片安逸、宁静中的时候，日本的联合舰队的巡洋舰上，水上侦察机就已经从弹射器弹射起飞了，它们开始对袭击珍珠港做战前的侦查了。与此同时，航空母舰上的所有飞机都已经做好了战斗准备，所有的飞行员们都在跃跃欲试，实施第一轮袭击的飞机都已经在甲板的起跑线上整齐的排列着了。

日本政府在这次偷袭珍珠港的作战计划中投入了大量的军事力量，在制定作战计划的时候，就决定要把舰载机分为两轮的攻击波袭击珍珠港。

负责第一轮攻击的是 16 个飞机队组成的小组，一共有近 190 架飞机。但是真正进攻的时候，只出动了大约 180 架飞机。

第二攻击波的指挥官是岛崎少佐，总指挥官渊田指挥岛崎少佐所率领的第二波飞机，在第一波飞机战斗开始一个小时后，再发起攻击。

一切准备就绪之后，攻击队的队员们集合在飞行员待机室里，静静地等待着出击的命令。飞行员待机室的墙上，挂着一块黑板，黑板上标注了旗舰的准确的位置，也就是离瓦胡岛以北约 230 海里的地方。此时已万事俱备只欠东风了，飞行员们有的闭目养神，有的紧张地盯着黑板上标志的攻击地点若有所思。

此时日本联合舰队的六艘航空母舰为使飞机能够顺风起飞，调转了方向逆风北上。风很大，大浪常常打到飞行的甲板上。像这样的天气，若是一次演习，便可以等到天亮的时候起飞，但这不是演习，这是真实的战斗，必须要趁敌人毫无防备的时候发起进攻。

在第一攻击波的机群中，飞在最前面的飞机使总指挥官所乘坐的飞机，紧紧跟在后面的，分别是"99"式高空水平轰炸机队、"99"式舰载俯冲轰炸机编成的俯冲轰炸机队、"97"式鱼雷机编成的鱼雷机队和"零"式战斗机队。

作战机群为了隐蔽，不被美国巡逻的飞机发现，缓缓地升到了云层上，在云层上空飞行。渐渐的，随着东方升起的红日，机群下方的黑糊糊的云海也变白了，天空呈现出了蔚蓝色。

虽然天空因太阳的升起而渐渐地明亮了，但是过了几十分钟后，能见度仍然很不好，在飞机内向下看，根本看不见开面。坐在飞机里的渊田根本无法判断这个时候珍珠港的天气情况，他的心里非常着急，他十分担心珍珠港的天气情况。

忐忑不安的渊田此时无意间拧开了收音机的旋钮，这一无意的举动却给他带来了天大的惊喜。他在拧开收音机的时候，收音机碰巧收到了檀香山电台在播放的天气预报，渊田兴奋的几乎跳了起来，他立即又重新调了一下频率，没错，就是檀香山地区的航空气象预报！惊喜万分的渊田马上找出笔和纸。一边全神贯注地听着，一边拿起铅笔迅速地做了简单的记录。天气预报显示檀香山地区天空少云，山上多云，能见度良好，刮的是北风，风速不大，对飞行没有什么影响。

无意间得知的天气预报让渊田的心情为之振奋，这样巧合的事情给他们的偷袭埋下了良好的预兆，渊田悬着的一颗心也总算是放下了。日本作战机群在愉悦的心情下，继续向珍珠港飞去。之后便发生了历史上人所共知的那一次偷袭事件。

死亡和毁灭终究没有成为一切的结束，没有前瞻性只贪图一时利益的日本定然没有想到，珍珠港事件竟然为日本开启了一个彻底的灾难。虽然，日本对美国海军的袭击成功，然而由于美国强大的生产力，日本根本不可能在对美国的战争中赢得胜利。由于这次的珍珠港事件，让一个本来意见不统一的国家在很短的时间内就团结了起来，同时也将世界众多的国家团结起来了，他们有一个共同的目标，那就是一定要团结一致战胜日本。

为了消灭日本法西斯，美国开始在全国进行招兵。墨菲响应国家的号召，积极要求参军。这一年是 1942 年，墨菲才刚刚 16 岁，还不到当兵的年龄，姐姐便帮助他造假，将他的出生年份提前了两年，这样他便以年满"18"岁的年龄报名参军了。

然而当兵的路也是十分坎坷。墨菲身材矮小，海军陆战队和空降兵都拒绝他入伍，墨菲心灰意冷。但是，事情就是这样，喜忧参半，最后陆军接纳了他。刚到新兵连的时候，连长看他长得又小又瘦，认为他参加不了战斗，做一名炊士兵还是比较合格的。但是倔强的墨菲还是坚持要进战斗部队，在墨菲不断地坚持之下，最终得到了进入战斗部队的机会。

一个礼拜之后，墨菲接受了步兵训练。步兵训练基地的生活，是非常艰苦的。然而墨菲却感到非常幸福，这种幸福感是墨菲从来没有过的，那就是被人关注。来到这里以后，由于墨菲出色的表现，他的上级和战友都非常喜欢他，并且开玩笑地说："这个小个子就跟猴子一样灵活。"墨菲也只是笑笑而已。

在 1943 年初的时候，墨菲成为了陆军第 3 师 15 步兵团中的一名候补士兵，紧接着就被送往卡萨布兰卡去参加北非战役了。墨菲信心满怀地去了，他一直都希望能发挥自己的作用，哪怕是一丁点儿也行。在运送的途中，墨菲认识了一位战友，他叫奥蒂，在侦察组。两个人一见如故，立即就攀谈了起来，奥蒂向墨菲讲述了一个故事。

奥蒂两眼直直地看向前面，故事就从那里开始了。

"在 1921 年，美国的俄亥俄州的一个小镇上诞生了一名男婴，我就是这个小男孩儿。

我出生的那一天，是个很平常的日子，很多人都在过着一如既往的生活，可是对于埃尔温家族来说，意义却是很重大的，这天，这个家族又诞生了一个男孩，排行老二，从此以后，他成了这个家族新的希望。但是我长大后，却没有对这个家做任何有意义的事。

我的家在美国俄亥俄州的一个小镇上，家庭背景很简单，不是什么达官显贵，也不是军事世家，很普通很普通的一个家庭，这里地处比斯堡镇的西面。

比斯堡是美国一个小镇，隶属于俄亥俄州，北面挨着奥斯塔尔伯县，东面临山，西面临水，南面是一望无垠的平地。这里依山傍水，景色宜人。人们常说，这个地方的人聪明，那是因为临山而志远，临水而聪慧。

我的祖父和父亲都曾经在中学任职，而且他们都担任过中学校长。然而，从事教育在当时的美国，根本算不上什么上等的职业，无法与达官显贵相提并论。我父亲娶的是密西西比州州长的长女海伦·冯·鲁茨，但是奥蒂的父亲是一个不热衷仕途的人，因此与州长的联姻对我们家族也没有太多的意义。

儿时的我，身体比较单薄，相对于其他同龄人来说，十分瘦小，所以，我很难与他们打成一片，每天只有独自一人呆在家里。这样的经历让我养成了安静、乐于思考的性格。但是也有反叛的一面，并且这种倾向很严重。

这种情况到了我十岁的时候发生了改变，我的身体渐渐地好起来了，性格也活泼起来了，慢慢的我热爱上了很多的运动项目，像滑冰、篮球、自行车等等，一时我好像成为了一个运动天才。从那以后，"童年"这个词开始在我的记忆当中扎根，因为我开始能够整天围着院子和大花园蹦蹦跳跳玩耍了。"奥蒂讲到此处的时候，发现墨菲的表情不对，那是一种无助，静静地看了墨菲几秒钟以后，墨菲才回过神来，墨菲看到奥蒂注视着他，淡淡地对奥蒂说："你所经历的这些，在我的童年里，都是空白的。"

奥蒂正了正自己的身子，说："有些东西，你拥有了，也许你将会失去更多美好的东西。"墨菲迷惑地看着他，似懂非懂。紧接着，奥蒂又继续讲起他那伤心的往事。

"在我的家乡比斯堡，当地是没有小学的，我的父母就把我送到私人教师那里去学习，只有这样，才能去阿伦的小学继续读书。在我9岁那年，我考进了一所拉丁学校，在那里学习了5年。我在17岁的时候，便在格蒙登皇家现代中学上了5年级，一年后，很自然地升到了6年级。

然而，在我二十二岁的那一年，慈爱的父亲就去世了，父亲的离去并没有影响这个家庭，我的那些兄弟姐妹都不怎么喜欢父亲，他们更爱我们的母亲，对于父亲那些严厉的戒条他们早就忍无可忍了。然而我却不一样，父亲的离去对我来说是一个晴天霹雳，我是很喜欢父亲的，和父亲的感情也很好，父亲离去的很长一段时间里，我都不能平静下来，每每想起父亲，内心总是痛苦的，一直我都很想念他，想念那些他在的日子。

我小的时候从来没想过有一天能成为一名军人，成为一名国家需要、人民需要的士兵。那时候，当一名维修飞艇的工程师的愿望便深深地在我的心里扎根了，因为我喜欢机械学。在我很小的时候，便对家中的很多东西都非常感兴趣，没事就拆开研究，我总是好奇他们的工作原理。也因为这样，很多表就葬送在了我的手里，不仅如此，我还挨了不少的骂呢。不过，家里人对我也充满了信心，他们认为这个孩子长大后可能会成为一个工程师。"

奥蒂说到此处笑了笑，并且说了一句："那是一个多么美好的愿望，现在对于我来说，也只是说说而已了。"随即又进入那沉思当中。墨菲听到此处，又独自悲伤起来，想到自己不幸的童年，认为奥蒂是幸福的，但想想自己在经历过悲痛之后，学会了独立面对生活，承受来自各方面的压力，这也是任何人都无法比拟的。

奥蒂又接着说道："之前，提到过幼年时的我体弱多病不爱运动，所以只要一谈到有关体育的问题，我都会表现出十分沮丧的样子，每到上体育课的时间，我就感到脑袋突然变大，当时，我最大的理想就是希望自己能够得到特赦，再也不用上体育课。不过，身体单薄对我来说，并不是彻底的悲剧。上帝是公平的，他在剥夺了我健康的同时，却给予了我过人的智慧。

生活就是一波未平一波又起，在我十五岁那年，又发生了一件事情。这件事改变了我少年时代的梦想，每个孩子小时候都是有梦想的，不管是幼稚还是什么。现在我还清晰的记得，那个时候大人们总会问孩子长大后想做什么，当然每个孩子的回答都是不一样的，可是那个时候最常听到的答案就是"科学家"。

一件事的发生也许就会改变很多事情的轨迹。在我们家的小镇上，我打伤了一个恶霸。这个恶霸的家里是非常有势力的，母亲和兄弟姐妹们帮我逃了出来，一个偶然的机会，我就当上了兵。没有想到的是，在去往北非的战场上，有幸遇到了你。"墨菲也很激动地说："遇到你，我也非常高兴。在这之前，我没有什么朋友的。"

就这样，两个来自不同方向的人，竟然成为了非常要好的朋友。两个人都有一个共同的目标，那就是杀死更多的战争狂徒。

不知不觉中，两天两夜的行程已经过去了，他们到达了非洲。大部队到达的第二天，北非战役就打响了。然而这次墨菲却没有参加到战斗中去，他的任务是负责后勤人员的安全。而奥蒂所在的侦查小组负责侦查前方敌情，出发之前，奥蒂来跟墨菲告别，墨菲对于奥蒂的这一举动，感到非常不解，并且还跟奥蒂开玩笑呢。

谁也不知，奥蒂此时的心里是多么的悲凉。告别家乡，告别家人，告别朋友，此行的危险有多大，只有奥蒂心里知道。

夜色渐近，奥蒂所在的小组，一行五人出发了。

第二天天明的时候，只有两个人互相搀扶着回来。墨菲知道侦查小组回来人了，就飞跑过来。大声叫着奥蒂，然而没有人回答，一位受伤的战友说："奥蒂为了掩护战友，自己挡住了敌人的枪眼。"墨菲听了以后，一点儿也不相信这是真的。他大声地叫喊着奥蒂的名字，然而事实是没有办法改变的，奥蒂为了掩护战友而牺牲了。

夜晚，墨菲一人坐在河边，想着与奥蒂相识的这几天，奥蒂的种种表现。墨菲才认识到，奥蒂这次参加战斗，就抱着必死的心态了。奥蒂的眼神总是那么的忧郁，好像有很多的悲伤藏在那里，让人猜不透。

在非洲的这段日子，墨菲好像与忧伤成为了朋友，当夜晚来临的时候，墨菲望着月亮，望着天空中的星星，似乎那一闪一闪的星星就是奥蒂。他的战友有时候取笑他是个傻子，一个相识不到一周的人，竟然能成为朋友。

北非之战结束了，墨菲随着大部队，返回了美国，而他的朋友奥蒂却永远留在了非洲。时间好像有一种魔力，总能冲淡一切，但却冲不走墨菲在北非的记忆，那是刻在心里的记忆，永远不曾磨灭。

转眼到了 1943 年的 7 月，巴顿第 7 军的左翼就是墨菲所在的第 3 师，他们在西西里登陆了，参与了西西里和意大利战役。

西西里一役，对墨菲来说又是非常重要的一次战斗。

西西里岛的地理位置在意大利南部的地中海，和意大利隔着墨西拿海峡隔海相望，墨西拿海峡很窄，最窄的地方仅仅只有 2.5 英里。由于地形很复杂，所以交通很不方便，海岸线十分曲折，山崖陡峭，岛上的港口很少，只有东海岸和东北海岸零星分布着巴勒莫、卡尼塔亚等几个港口，地形也十分的险要。

自古以来，兵家必争的战略要地常常战火不断，西西里岛就是如此。西西里岛的地理位置十分重要，不仅扼守着地中海的交通要道，还把地中海分成了两部分，它是意大利和非洲之间的桥梁，自古以来，都是兵家最看重的地方。

在西西里岛的历史上，许多民族为了占领这里，展开了很多场大的战斗，一批英雄和出色的统帅也就诞生了。时间进入到 1943 年，突尼斯失陷之后，这个时候对于轴心国来说，非洲将会成为盟军最向往的天堂，然而要是这样的话，在意大利西南部的重要屏障将会丢失，这个时候，就更加的突出了西西里岛的战略意义了。希特勒和墨索里尼正是看到了这点，才立即派兵加强了岛上的防御力量。

炎炎夏日到来了，海面上季风带来的是潮湿、闷热的空气。在这个炎热的季节，在北非的港口集结了大量的盟军部队，亚历山大率领的第 15 集团军群负责执行"赫斯基"计划。这个集团军群包括蒙哥马利的第 8 集团军和巴顿的第 7 集团军，这两个集团军包括装甲师、步兵师和空降师。另外海军方面配有大量的战斗舰艇和辅助船，空军也有数千架飞机参战，而这个步兵师就是墨菲所在部队，就是这次战役的主力军。

登陆战役定在 1943 年 7 月中旬开始。计划是先由亚历山大重创敌军的空军和海军，然后，再由蒙哥马利率领第 8 集团军，在西西里岛东南的锡拉库扎到帕基诺这一段距离登陆，巴顿率领第 7 集团军在西西里岛西南的杰拉到利卡塔这一段距离登陆。在此次任务中，空降兵主要负责越过滩头地段，攻占重要的据点，为登陆作战的不对提供支援。等到主力登陆成功后，一起向北挺进，兵分两路围剿德国和意大利的军队。

在盟军为登陆作战做准备的时候，德国和意大利的军队也没闲着，他们在为抵抗盟军的登陆准备着。盟军得到的情报是，此时德国在西西里岛上有两个主力，一个使戈林率领的装甲师部署在东面，另一个是西面的第15装甲团。而意大利方面也有两个军：一个是由两个野战师组成的主要负责东部防御的队伍；另一个则主要负责西部的防御。

实际上，意大利海军一直保留着最好的舰艇，准备用其对付登陆的盟军。当时意大利军队携重兵把守撒丁岛、科西嘉岛、西西里岛以及本土。

对于盟军登陆作战的具体地点和准确时间，轴心国一直都没有侦查清楚，从而也就不能有效的做出针对性的防御。意大利的海军还没有有力的空中掩护，以阻止在西西里岛附近活动的盟军的飞机。总的来说，西西里岛的防御就只能依赖航空兵和地面部队了。

整体来说，意大利军队人员的军事素质和身体状况都处在极其糟糕的情况下，武器装备和训练水平十分低下不说，最重要的是军队中的不少人都对战争感到厌倦，根本谈不上士气。这些对战争感到厌倦的士兵大都是从西西里当地人中强行征来的，差不多所有的人都认为对于盟军的登陆行动，越是强烈的抵抗，对他们的家乡破坏程度就越大，所以他们都很消极，都不愿意抵抗，强烈的厌战、反战情绪充斥着整个部队。

驻扎在西西里岛上的德军有两个师，一共有4万多人，他们都是德国的精锐部队，本来他们是要赶去突尼斯支援的，后来由于盟军对海空的封锁很严，在突尼斯的交战很快就结束了，他们才被迫留在西西里岛的。古佐尼视察时还发现，德军的状态正好与意大利军队的状态相反。他考虑到德军的装备、经验以及战斗力等方面，认为战争来临时只能依靠德军的这两个师了。

在防御部署上，意大利海岸防御师防守的地段很宽。海岸防御师的防御地点都是"固定"的，只构筑了少量工事，配备的武器也只是轻武器。它们的抵抗力可以说是非常低，没有足够的机动车辆，机动力非常有限，仅靠微不足道的铁丝网和几个发射点，发挥的抵抗作用是很有限的，而且为了避免盟军海军的袭扰，意军的海岸炮兵在距离海岸很远的地方设防。

在整个西西里岛的意军中，只有3个摩托化师还算是很有战斗力的。虽然赫尔曼·戈林师旗下只有两个步兵营，但他们的装备都是非常好的重武器。在墨西拿海峡有强大的高射炮兵掩护着，这样一来，快速部队既能参加地面作战又可以用来防空。为了便于抗击盟军的登陆，德军摩托化步兵第15师和赫尔曼·戈林师也都将转给古佐尼率领。这样一来，古佐尼率领的德国军队的主力就变成了，库兰斯率领的戈林装甲师和罗兹率领的摩托化步兵第15师了，总兵力一共有3万多人，他们的装备都是最好的，实战经验也很丰富，战斗力很强。

古佐尼认为，盟军很有可能采取东西两端同时进攻的方式，所以他决定，让摩托化步兵第15师去迎接西面的攻击，然后把戈林师分成两个部分，兵力稍弱一点儿的用以应对卡培尼亚平原面临的局势，较强一点儿的部署在距离杰拉20英里的内地。古佐尼希望德军和意大利调来的部队能对盟军的登陆予以强烈的反击。但实际上，德国军队还是直接听从德军南线总司令凯塞林元帅的，只是在名义上归意大利第6集团军管辖。

抵抗登陆准备中最大的难题可以说是德意之间的矛盾。对于岛上的指挥机构，意大利人压根儿就不同意是德国式的。在整个意大利集团军的司令部里，就算有一名德国的将领代表着德国的统帅部，他仍然是没有指挥权利的，而对于古佐尼安排的防御方法，凯塞林并不赞同，他担心盟军一旦在巴勒莫登陆成功，他们退回到意大利的道路将会被封死。他不顾古佐尼的反对，私自将摩托化步兵第15师调到了巴勒莫，驻扎下来之后，还嘱咐两个德军师的师长要提高警惕，只要发现盟军登陆，不需要等待意军方面的命令，马上要予以反击。这样的行为不仅破坏了指挥体系，同时还将轴心国的反击力量分散了，这对于原本就很很薄弱的防御来说，无疑是雪上加霜之举。

盟军根本没想到意大利的军队的战斗力是这样的赢弱，这是出乎他们意料的，在西西里战役中，抵抗得最激烈的并不是本土的意军，而是那些德国军队。

盟军在 1943 年 6 月对班泰雷利亚岛发动了进攻，并将这次作战代号取名为"瓶塞钻"，以此消除登陆作战的障碍。

班泰雷利亚岛的地理位置在西西里岛和突尼斯海岸之间，它是迦太基时代遗留下来的港口，被称作是"地中海中部的直布罗陀"。由于常年受海水的侵蚀，班泰雷利亚岛的海岸线变得异常陡峭，岛上的港湾仅仅能容纳小船通过，地形很复杂。

在西西里岛上，坐落着一座飞机场，它是轴心国袭击北非盟军的一个很重要的军事基地。当时盟军的很多飞机都是短程的，远程飞机非常少，所以要想占领这个小岛并不是一件简单的事情。从战略上来讲，如果盟军进攻失败，那对整个西西里战役的实施都会产生不利的影响。从地形上来说，这个岛的地形较复杂，海岸很陡峭，不适合空降，所以部队无从选择，只好从一个小港口登陆，而且这里易守难攻。当时，这一做法并没有得到大多数人的赞同。

不过盟军几位主要将领艾森豪威尔等人力排众议，坚持首先夺取班泰雷利亚岛，他们觉得用很小的代价就可以攻占这个地方。对于这一看法，他们有他们的根据：西西里岛的守军大约只有 12 万人，由意大利海军少将帕韦西指挥，虽然这里装备了一些高射炮和海岸炮，但它们都不是新式的，性能很差。

一直到 1942 年的 11 月，这个时候北非战局的局势已经开始恶化了，该岛的防御才有所加强，但也只是稍微加强了一点儿而已。估计此时大多数意大利军队已是强弩之末，军心浮动，已经厌战，正在找撤退的借口，都不愿困守孤岛等死。他们觉得，如果一直对西西里岛进行持续的轰炸，几个昼夜都不让防御部队休息和睡眠，还有强大的海军予以炮火的支援，这样一来，敌防御部队不可能进行有效的抵抗，甚至还有可能投降。

为了能将敌人的"不沉的航空母舰"摧毁，同时使其成为盟军在西西里作战有力的后勤保障基地，盟军决定必须尽快攻占这个岛。

事实证明，这一判断非常准确。盟军海陆空三军，在艾森豪威尔将军的指挥之下，按照原定计划实施作战行动。首先是猛烈的空中打击，平均每天出动的轰炸机大约有 100 架次，严重地破坏了岛上的通信设施、道路和防御工事，现在这个岛迫切的需要物资的补给，然而这些补给只能依赖小型的舰船和潜艇运送。

到了 6 月初，空袭的次数和强度都加强了很多，盟军空军对该岛持续了 6 个日夜的猛烈轰炸，夜里为了更清楚的轰炸，他们用飞机投放照明弹。在这样强烈的空袭下，岛上的守军已经临近绝望了，他们几乎不能休息，体力的耗费和精神都已消耗殆尽，交通也在这样的袭击下中断了，每个支撑点都在孤军奋战，没有任何的支援，物资的供应也中断了，这样的情况让岛上的守军和防御马上就要崩溃了。

盟军不仅进行了空袭，还进行了海上封锁和舰炮轰击，之前这个岛就被盟军的巡洋舰炮击过两次。没有多久，该岛又被两艘盟军驱逐舰炮击了。在 6 月初，该岛又被盟军两艘驱逐舰和一艘巡洋舰组成的编队猛烈的袭击了，但是意军的岸炮把盟军的一艘巡洋舰击中了。意军的两艘运输船在同一天被盟军担任海上封锁的驱逐舰发现了，当即就送了命。到了第二天，该岛又遭受了盟军的4艘驱逐舰和2艘巡洋舰猛烈的袭击。之后的一段时间里，几乎每天都有军舰队该岛进行炮击。紧接着，盟军就想迫使岛上的守军接受投降，可是岛上的守军指挥官帕韦西并没有放弃抵抗。

西西里进行着紧张而激烈的战斗。墨菲所在的步兵师伤亡也很大，由于敌军的生死抵抗，盟军的部队开始进行有组织有计划的战斗。墨菲和其他几位战友负责伏击敌人，当西西里战役进入关键阶段的时候，上级决定要射杀守军指挥官帕韦西少将，而这个任务就落在了墨菲所在小组的头上。接到命令后，墨菲和几位战友接到任务以后，立刻赶往伏击地点。

在整个伏击的过程中，墨菲都静静地等待着敌人的出现，他没有向其他战友那样的焦躁不安。就像小时候，为了弟弟妹妹们能吃上饭，而藏在森林的某个角落里，等待着猎物的出现。此时的墨菲更多的是淡定和从容。

就在这个时候，他发现敌军的两名军官，在阵地上跨上了两匹战马要逃跑，他丝毫都没有犹豫就举起了手中的那杆枪，只听两声枪响，两名军官就从马上滚下来，倒地呜呼了。而墨菲所击倒的这两个人正是帕韦西少将和他的副官。墨菲的出色表现为他赢得了荣誉，他被提拔为少尉。

墨菲升为少尉以后，又参加了美军在意大利本土萨莱诺的登陆战役。在一天夜里，墨菲率领的一支巡逻队遭到了小股德军的伏击，在不利于他们的条件下，墨菲很快组织队员应战，并成功打死了3名德国人，同时俘获了数名德国士兵，这一战使他名声大振，并再次荣获了升迁的机会，他被授予了中尉。在之后的战斗中，他又多次获得荣誉勋章。

墨菲虽然获得了如此多的荣誉，但他从来没有骄傲过。短暂休息的片刻，还会想起自己的战友，奥蒂。墨菲想让战争快点结束，回到奥蒂的家乡替他看望他的亲人。然而，战争又会什么时候结束呢？此刻的他还在阵地上，还在想办法抵挡攻上来的敌人。

是谁唤醒了战争？墨菲奔走在途中，此次是为了拦截德军送达给意军的情报。墨菲一次又一次接任务，不是为了别的，只是为了多消灭几个万恶的法西斯主义者。然而墨菲每次都能出色地完成任务，久之墨菲在军队里的名声就越来越大。他的很多战友还想他学习怎样当一名神枪手。

紧接着，1944 年 8 月墨菲所在第 3 师又转战到法国诺曼底，墨菲的战友布兰登在法国南部进行的登陆战斗中，被一处诈降的德军用机枪扫射到，光荣牺牲了。布兰登和墨菲出生入死，是生死患难的兄弟。墨菲心痛难当，他只身一人拿下了那处机枪阵地，紧接着，墨菲用德国的机枪把附近的几个德军火力点也消灭了。

即使是这样，墨菲还是非常的懊恼，他清楚的记得奥蒂牺牲时候的模样。一想到这，墨菲就端起机关枪又对德军进行一顿猛烈的扫射。就这样，由于墨菲出色的表现，获得了"卓越服务勋章"，它的荣誉仅次于"荣誉勋章"。然而，墨菲是非常不想得这个勋章，因为这个勋章是用自己兄弟的命换来的。在这次战斗中，第 3 师伤亡上千人。

之后，美国第 3 集团军进行整编，整编后的他们由巴顿将军指挥，开始了攻打布列塔尼半岛的战役。巴顿命令 3 个步兵师和 2 个装甲师，从南面和西面迅速的挺进。

巴顿对自己晋升为将军还是很高兴的，虽然第 3 集团军的成立并没有对外公开，但是对巴顿来说，还是值得庆贺的。他换上了一身整洁干净的呢子制服，迈着大步，昂首挺胸地走着，显得十分的潇洒、老练，信心十足。巴顿的联络官在日子中写着："那时候的巴顿将军就像是一只刚刚战胜对手的，骄傲的斗鸡，很自信的在等待着下一个挑战。"

　　而后，他又听说这个队伍里有一个神枪手，就命令他的卫兵把墨菲叫道他的指挥部，与墨菲进行交谈以后，巴顿认为墨菲无疑是上天赐给他的礼物。

　　在中午的时候，哈金斯为了庆祝第3集团军的诞生，特地拿出了一瓶他珍藏了很久的白兰地酒，和大家一起同饮同乐。巴顿在碰杯之前，发表了一段简洁凝练的讲话，他说："亲爱的先生们，现在的我们正站在一个十字路口，我们马上就要做的伟大的事情了，部队很快就要出发了，去参战！为了我们的国家，为了我们的人民，我们只能沿着正确的路线迅速地前进，只有这样，才能让战争尽早的结束，才能让人民尽快的过上安定祥和的日子。先生们，你们一定要记住一句话，那就是'果断、勇敢，永远的果断、勇敢！'现在，我们面临的第一个问题就是前进，永不停止的前进！虽然我们要警戒我们的侧翼，但是也不用去为他们操心，我们不能光担心他们而一点儿作为都没有。我深信，每一位先生都会干得非常漂亮的！"

　　巴顿的演讲每次都能够达到出乎意料的效果，尤其是鼓舞性特别的强。每个士兵听后，都想立刻就拿起刀枪与敌人拼个你死我活。

　　在这次庆贺酒宴上，巴顿也把墨菲请上演讲台，请他发表一下看法。墨菲走上台后，看着自己出生入死的战友，他大声地喊出了一句话："我们要尽全力拼杀，要尽快结束战争，要争取和平。"片刻，台下响起了雷鸣般的掌声，墨菲说出了大家心中的话。

　　墨菲在不久之后又获得了"银星勋章"，还被提拔成为了准尉。可是在十多天后，墨菲在战斗中腿部受了重伤，但他仅仅在医院呆了一个星期就返回了部队，继续参加战斗了，那个时候他的大腿上还缠着绷带。

然而不幸再一次降临了，几天后，一颗迫击炮弹在他和战友的身边爆炸了，两名战友当即身亡，不幸中的万幸，他保住了性命，但也身负重伤。由于这次负伤比较严重，墨菲整整住院休息半年。

出院以后，墨菲马上就参加战斗了。他在 1945 年 1 月 26 日这天大放光芒，这时正是冬季，积雪有几十厘米厚，气温低至零下 10℃，法国战斗打响了。他带的部队由于连续作战最后能战斗的人只剩下十几个了。即便是这样艰苦的条件，他仍旧坚持着，并获得了美军最高勋章"荣誉勋章"。整个战斗的经过，都详细的记录在了勋章的授奖命令证书上。

德军的 6 辆坦克和很多步兵多次的袭击了墨菲上尉率领的连队。墨菲上尉表现出了他沉着冷静的一面，他当即下令，让所有士兵都撤到后面的树林里，那里有一个预设阵地，而他自己一个人则留在了前线的阵地上观察情况。战斗在激烈的进行着，在他右后方的德军的炮火把美军的一辆自行反坦克炮击中了，幸存的炮手也撤退到了预设阵地中。这个时候的德军步兵已经前进到和墨菲上尉在同一线的位置上了，墨菲丝毫没有犹豫，立即爬上了还在燃烧着的自行反坦克炮，用自行反坦克炮上的机枪疯狂的对德军进行扫射。他不顾自己完全的暴露在敌人的火力之下，不停的进行扫射，德军步兵在机枪的迫使下，被迫后撤，与他们的坦克脱离，德军的坦克也不得不撤退了。墨菲上尉在阵地上整整坚持了一个多小时，德军试图除掉墨菲上尉，但机智的墨菲在敌人离他仅有 9 米的距离时发现并用机枪将他们消灭了。虽然他的腿部在战斗中受了伤，但是他仿佛没有感觉到一般，一直将子弹全部打光，电话线被敌人炸断，他才很不情愿的撤退到树林中和连队会合，随后，他都没有顾上包扎伤口，就开始组织连队进行反击，而且他又再次的指挥炮兵进行射击。在这次战斗中，墨菲上尉独自就打死了约 50 名的德军，他的英勇和大无畏的精神不仅没让连队遭受围歼，还破坏了德军攻克的目的。

在两年多的战斗中，墨菲上尉的战绩可谓是硕果累累，他一共击毙德军240多名，毁掉了德军6辆坦克，还俘获了很多敌军。战争结束时，美军所有的勋章他都得过，这此外，还包括因负伤而得的三枚紫心勋章，甚至连比利时和法国也为他颁发了5枚勋章。在第二次世界大战中，墨菲上将是美军获得勋章最多的人，虽然在美军中有一位上校获得的勋章比墨菲的多，不过那位上校所获得的勋章种类没有墨菲获得的勋章全。

战争结束了，那么所有的英雄故事到这里也差不多该结束了，可是千万不能忘了我们的里昂·墨菲，他还生活在美国，他是美国的一个传奇。

1945年6月，此时德国已经投降一个月了，墨菲也回到了美国，回到那以告别多年的家乡得克萨斯，乡亲们用鲜花和掌声在迎接他，他们热烈欢迎英雄墨菲回家。在此期间，墨菲把自己的弟弟妹妹从孤儿院接回来。随后，墨菲又去奥蒂的家乡比斯堡，探望奥蒂的亲人，当他们知道奥蒂在北非战役中，牺牲了以后。他的妈妈忍不住失声痛哭了起来，他的兄弟姐妹们都跟着小声的啜泣着。

奥蒂的妈妈在送走墨菲的时候，对墨菲说："我应该早就知道这个结果。他当兵走这么年从来没有给我来过一封信。"墨菲看着眼前的这个妇人，不由得伤心起来。是战争让一个妈妈永远见不到她思念的儿子。

1945年9月，他以上尉军衔退出现役。然而，他始终没有忘记自己是一名军人，到1950年战争爆发后，墨菲又毅然地再次加入了得克萨斯州民警卫队第36师，不过36师最终没有被派到前线参加战争。他最终于1966年从民警卫队退役，最后是少校军衔。

在战后的日子里，墨菲忍受着病痛的煎熬，长期的抑郁、失眠和噩梦搅扰着他，让他不能安静的生活，到20世纪60年代中期，墨菲常年服用安眠药成瘾。但是他是勇敢的，他打破了当时规定的战后不能讨论战后精神病症的禁忌，他在风口浪尖上挺身而出，呼吁人们要关注战后的军人的精神问题，还要求国家的有关部门研究和关注。

在战争中墨菲是英雄，然而在感情生活方面，墨菲却是一个失败者。战后他结了两次婚，第一次婚姻以失败告终，并且没有给他留下子女。在第二段婚姻中，他有了两个儿子，这两个孩子也成为他日后生活的寄托。每次提到墨菲的婚姻生活，对他来说都是一个莫大的打击，这两段婚姻墨菲都尽最大努力都去维持，但是还是失败了，这对墨菲来说也是一个遗憾。

作为一名二战战斗英雄和勇敢地号召人们关注二战军人的精神问题，使他成为了 1945 年《生活周刊》的封面人物，然而没有想到就是这张照片，使墨菲成为了好莱坞的一员。在这一年的 9 月，他走进了好莱坞，参加了几个片子的出演。即使有这样一些片酬上的收入，二战结束后那几年的日子，墨菲仍然过得非常艰难。

然而 1949 年就是墨菲人生的转机，在写了一本名为《地狱归来》的自传。这本书的内容几乎都没怎么提到他自己的英雄事迹，也没怎么提起他获得的荣誉和勋章，写的很低调很谦虚。书的内容主要是赞美和缅怀当年那些和他同生共死的战友们。然而就是这本书，让环球影业开始注意他了，环球影业决定要把这本书拍成电影，还邀请墨菲扮演他自己。

这部电影在 1955 年首次上映后，就创造出了高达一千万美元的票房，这是当初拍摄的时候想都不敢想的，之后这部电影成为环球影业 43 年来最受欢迎的电影。它在环球影业的票房纪录一直保持了 20 年，一直到 1975 年，影片《大白鲨》才将这个纪录打破。

《地狱归来》拍摄成功后，墨菲便成了一个人人皆知的影星，他出演了 30 多部电影，还有电视剧。他获得的稿酬和总片酬加一起超过了 300

万美元，这在当时可以算上一个奇迹了。不仅如此，他还成为了一个名气不小的乡村歌曲的创作者，出过自己的个人唱片。好莱坞的星光大道上位列着 Vine Street 1601 号星，那颗星就是里昂·墨菲星。

当墨菲人生的事业创造出又一个精彩以后，他的生命也走到了人生的尽头。1971 年 5 月 28 日，墨菲乘坐的私人飞机在弗吉尼亚遇难，飞机上的人全部丧生，无一生还。

1971 年 6 月 7 日，里昂·墨菲的遗体在阿灵顿公墓下葬，乔治代表美国政府出席了葬礼，他同样也是一位战功卓著的二战老兵，曾获得过很多荣誉，后来成功晋选为美国总统。墨菲在生前就说过，自己死后墓碑一定要和战友们的一样，所以墨菲的墓碑一点儿都不起眼，但是来拜祭他的人却很多，公墓的管理者专门铺了一条小路，方便人们来看望这位伟大的英雄。自始至终，墓碑上都有一处人们都不愿意去纠正的错误，那就是墨菲的出生年月，墓碑上刻着的是当年小墨菲为了能参军而谎报的年份，比实际年龄早了两年，1924 年 6 月 20 日。

墨菲虽已远去我们多年，但那颗战斗英雄之星、演员巨星的光辉形象却并没有远去。也许就像墨菲当年在想念奥蒂的时候，抬头仰望夜晚天空之时，似乎像看到奥蒂一样，他们都将成为我们一直缅怀的英雄，成为群星中最为闪耀的星星。